VIE POPULAIRE

ET

ANECDOTIQUE

DE

HENRI V

1820-1874

ORNÉ D'UN BEAU PORTRAIT

SE TROUVE

CHEZ TOUS LES LIBRAIRES.

PORTRAIT DE MONSIEUR
LE COMTE DE CHAMBORD

DESSINÉ D'APRÉS NATURE A LUCERNE EN 1871

ET GRAVÉ AU BURIN

PAR

F. GAILLARD

Ancien pensionnaire de l'Académie de France à Rome,
et honoré de deux médailles pour la peinture
et pour la gravure
à la Grande Exposition de Vienne 1873.

———

L'estampe du portrait de Monsieur le Comte de Chambord, imprimé spécialement sur Chine, est ainsi fixé :

Epreuve artiste sur colombier. . 100 fr.
 »   avant la lettre sur jésus.   50
 »   avec la lettre sur jésus. .   15

· On souscrit chez l'auteur M. GAILLARD, rue Madame, 54, à Paris.

———

Pour paraître prochainement :

LE PORTRAIT DE SA SAINTETÉ PIE IX

Dessiné d'après nature à Rome, en 1873
et gravé au burin

PAR LE MÊME AUTEUR.

VIE POPULAIRE

ET ANECDOTIQUE

DE

HENRI V

I. — NAISSANCE DE HENRI V.

Prospérité de la France sous la première Restauration. Assassinat du duc de Berry. Une dernière espérance. Naissance de Henri V. Joie du Roi et de la Famille royale. Le nouveau Béarnais. Enthousiasme populaire, anecdotes. Bienfaisance de la Famille royale. Souscription de Chambord. Baptême du Prince (1820-1821).

C'était un beau jour que le 8 juillet 1815 : Louis XVIII rentrait dans son royaume et la nation acclamait son nom comme l'espoir d'un meilleur avenir. Non, rien n'était perdu ; le Roi était là et le Roi, c'était tout. En quelques années, l'étranger était payé et quittait notre territoire, la prospérité renaissait, le commerce et l'industrie prenaient un nouvel essor. Tout semblait promettre un long avenir de bonheur ; soudain, un crime affreux jette la consternation dans le pays : le duc de Berry, l'unique rejeton de la Famille royale, venait d'être assassiné (13 février 1820).

La race de Louis XIV était-elle destinée à s'éteindre? l'attente de la révolution fut trompée. Du sein du tombeau brillait une espérance : « Mon amie, avait dit l'infortuné prince à son épouse en larmes, ménagez-vous pour l'enfant que vous portez dans votre sein. » Faible rayon au milieu des ténèbres, dernier espoir de la société française! Dieu permit qu'il ne fût pas déçu, et le 29 septembre 1820, HENRI - CHARLES - FERDINAND - MARIE - DIEUDONNÉ D'ARTOIS, DUC DE BORDEAUX, naissait aux Tuileries, les poëtes chantaient l'*Enfant du miracle* et les souverains, du haut de leurs trônes, saluaient l'*Enfant de l'Europe.*

La veille au soir, la duchesse de Berry, ne croyant pas que l'événement fût si proche, avait fait coucher toutes les personnes de son service. Mais, à peine étaient-elles endormies, qu'elles sont réveillées par ces mots prononcés par la princesse : « Allons, vite, vite ! il n'y a pas un moment à perdre. » Elles accourent, et l'une d'elles, Mme Bourgeois reçoit l'enfant. « Quel bonheur ! s'écrie l'heureuse mère, c'est un garçon, c'est Dieu qui nous l'envoie. » Aussitôt, on alla prévenir le maréchal Suchet et plusieurs gardes nationaux qui constatèrent que l'enfant était du sexe masculin et qu'il tenait encore à sa mère. La Famille royale accourut bien vite. A trois heures un quart, le Roi arriva : « Mais, dit une relation très-circonstanciée des événements de cette journée, Mme la duchesse de Berry, extrêmement fatiguée, se repose cinq minutes et MONSIEUR (depuis Charles X) va dans le salon voisin pour recevoir Sa Majesté. Les témoins de cette scène sublime peuvent seuls s'en faire une idée. Ces deux augustes frères s'embrassent et ne peuvent parler. « Vive le Roi ! » s'écrie enfin MONSIEUR en pleurant de joie. « Quel beau jour, » répond le Roi en l'embrassant encore et il entre chez S. A. R. Mme la duchesse de Berry. Il embrasse sa nièce et lui donne une magnifique fleur en diamants, puis prenant l'enfant dans ses bras, lui prodigue les plus tendres caresses. « Sire, s'écrie la princesse en montrant d'une main la fleur en diamants et de l'autre le nouveau-né, c'est donc un échange. »

« Sa Majesté, raconte alors le *Journal des Débats* (n° du 30 septembre 1820), voulant que Henri V ressemblât à Henri IV par sa naissance, comme il lui ressemblera sans doute par sa vie, lui a frotté les lèvres avec une gousse d'ail, et lui a fait boire quelques gouttes de vin de Jurançon. Ainsi que le Béarnais, le Duc de Bordeaux a supporté cette opération de famille sans faire la plus petite grimace. »

A cinq heures du matin, le canon retentit. On devait tirer douze coups pour la naissance d'une princesse et vingt-quatre pour celle d'un prince. En un clin d'œil, malgré l'heure matinale, Paris est sur pied. Royalistes et révolutionnaires tous écoutent, ceux-là avec l'espoir du dévouement, ceux-ci avec les appréhensions de la haine. L'intervalle entre le douzième et le treizième coup ayant été plus long que les autres, beaucoup de personnes furent saisies d'un effroi qui se changea bientôt en joie.

« L'ivresse publique est au comble, dit l'auteur de la relation que nous citons, les ouvriers qui se rendent à leurs travaux, les femmes qui remplissent les marchés se livrent à une joie franche et spontanée; les casernes des gardes du corps et de la garde royale sont illuminées comme par enchantement; on n'a pas eu le temps de se procurer des lampions; chacun pose sa lumière sur sa fenêtre : on va, l'on vient dans les rues, on s'embrasse, on pleure, on rit, on ne sait ni ce qu'on fait, ni ce qu'on dit : un vieux portier du Marais monte le plus vite qu'il peut chez un locataire dont c'était la fête, et lui dit : « Ah! mon Dieu, puisse le Duc de Bordeaux terrasser un jour les méchants comme saint Michel a terrassé le diable! »

Jamais on ne vit un pareil enthousiasme, jamais naissance ne fut plus célébrée. Durant tout le jour, une foule immense se pressa autour du palais de nos Rois; il fallut montrer MADAME et son enfant au peuple, ivre de joie et de bonheur. « Alors, dit un écrivain, les Tuileries n'étaient pas bastionnées et le peuple touchait le Roi. » Ce fut pendant plusieurs heures un immense défilé de gens de toutes conditions qui étaient charmés de la bonne grâce de la mère, et tout joyeux d'avoir pu contempler le nouveau-né. »

« Mes amis, vint dire Louis XVIII, en s'inspirant des paroles de l'Eglise, à la naissance du Sauveur, votre joie centuple la mienne. *Il nous est né un enfant à tous.* Cet enfant sera un jour votre père. Il vous aimera comme je vous aime, comme tous les miens vous ont toujours aimés. » En prononçant ces mots, sa bouche couvrait de baisers cette dernière fleur d'une branche presque éteinte.

Il y eut des réjouissances publiques, le soir la ville était brillamment illuminée, partout il y avait des feux de joie, les fenêtres étaient ornées de drapeaux blancs fleurdelisés et de transparents allégoriques et l'air retentissait des cris mille fois répétés de : *Vive le Roi! Vivent les Bourbons! Vive le Duc de Bordeaux!* » On avait couvert de fleurs la statue de Henri IV qu'on espérait voir renaître en son descendant. A 8 heures, un feu d'artifice superbe, quoique improvisé, fut tiré sous les fenêtres de la duchesse de Berry dans le jardin même des Tuileries où la foule circulait librement.

L'élan national se manifestait par les termes les plus vifs et les plus touchants. Un soldat sexagénaire, couvert de glorieuses cicatrices, s'écriait en voyant dans son berceau ce jeune rejeton de tant de Rois : « Ah ! mon Prince, pourquoi suis-je si vieux ! Je ne pourrai pas servir sous vos ordres. — Rassure-toi, lui dit la duchesse de Berry, il commencera de bonne heure. » — « Je te bénis, jeune enfant, s'écriait un grenadier de la garde royale, et je fais un engagement de six ans de plus. La bénédiction du vieux soldat te portera bonheur ; et quand il le faudra, il se fera tuer pour toi. »

Un artisan du faubourg Saint-Marceau adresse à MONSIEUR, comte d'Artois, depuis Charles X, une pétition ainsi conçue : « Monseigneur, ma femme est accouchée, cette nuit, à la même heure que S. A. R. Madame la duchesse de Berry ; nous sommes bien pauvres. » Monsieur lui envoie immédiatement 1,000 francs. Le même jour, il fit remettre 25,000 francs à l'archevêque de Paris et autant au préfet de la Seine pour être distribués aux pauvres, tant de sa part que de celle de la duchesse de Berry. Cette dernière donna de ses deniers un franc à chaque sous-officier et soldat de la ligne composant la garnison de Paris.

Ce ne furent pas les seuls actes de bienfaisance de la Famille de France ; par une ordonnance du 2 octobre suivant, le Roi déclarait prendre à sa charge les mois de nourrice de tous les enfants mâles nés, le 29 septembre, à Paris, de parents indigents et leur donnait à chacun 200 francs ; il délivrait, en même temps, à ses frais, vingt détenus pour dettes et distribuait aux pauvres 50,000 fr.

Pour couronner ces nombreux bienfaits, la clémence royale s'étendit jusque sur les plus grands criminels. Gravier et Bouton, convaincus d'avoir voulu attenter aux jours de la duchesse de Berry et amener la mort de l'enfant qu'elle portait dans son sein, furent graciés par le Roi, sur les instantes prières de MADAME elle-même. Ainsi, ceux qui avaient formé le dessein de tuer le Duc de Bordeaux avant sa naissance, durent leur vie à sa naissance même !

La joie publique se manifesta bientôt par des actes. Le comte de Calonne, se faisant l'interprète des vœux de la nation, eut l'heureuse idée d'offrir au fils du duc de Berry le château de Chambord. Ce magnifique palais était destiné à tomber sous le marteau des démolisseurs, si un nom royal n'était venu protéger ses murs. La souscription fut couverte comme par enchantement. Tous voulurent y concourir : pauvres ou riches, grands ou petits, soldats ou ouvriers. Jamais, dans le cours de sa vie, Henri V n'oublia cet hommage spontané de tout un peuple. COMTE DE CHAMBORD a été le seul titre qu'il ait voulu revendiquer dans l'exil, parce qu'il lui rappelait la patrie absente et les joies de son enfance.

Le 1er mai 1821 avait été le jour fixé pour le baptême du Prince. Les fêtes furent splendides. « La cérémonie du baptême, écrivait, le 6 mai, l'illustre Maine de Biran à ses filles, doit avoir fait, dans l'âme de tous ceux qui l'ont vue, une impression qui ne s'effacera pas. Tout concourait à la rendre somptueusement touchante. Je ne parle pas de la pompe et de la magnificence de Notre-Dame décorée pour cette fête, comme elle ne l'a jamais été. Mais les augustes personnages, vers lesquels tous les regards se dirigeaient, cet enfant précieux *auquel se rattachent toutes nos destinées*, consacré à Dieu par le vénérable archevêque, les cris de MADEMOISELLE en voyant son frère porté à l'autel, l'air de force et de vie de notre petit Henri, la contenance de son héroïque mère, tout cela composait un tableau dont je regrette de ne pouvoir donner à mes chères filles une idée exacte ; il faut avoir vu et senti. »

II. — ENFANCE DE HENRI V.

Ses premiers maîtres, ses premières études. Plan de son éducation. Anecdotes : le juron; en avant *le drapeau blanc*; *Je sers la France*; la partie de quilles; le convoi du pauvre : le Duc de Bordeaux à l'amende; noble fierté; le gâteau des Rois (1821-1830).

L'éducation de Henri V commença presque au sortir du berceau, on en surveilla scrupuleusement jusqu'aux moindres détails. Pas un de ses petits caprices qui ne fût réprimé, pas un de ses défauts naissants qui ne fût corrigé ; on avait trop à cœur de le voir, un jour, rappeler sur le trône les vertus de saint Louis, de Louis XII et de Henri IV. Confié dès le premier âge aux soins de Mme de Gontant, il fit des progrès rapides sous une telle direction. Ses premières études furent communes avec sa sœur, MADEMOISELLE, qui comptait une année de plus que lui. Ce fut en 1823 que M. Colart, élève de l'abbé Gaultier, donna la première leçon au Duc de Bordeaux; dès l'âge de quatre ans, le Prince savait parfaitement lire.

L'amitié du frère et de la sœur se resserra dans cette communauté de travail et d'étude. Pour mieux exciter leur émulation, on adopta une méthode simple et ingénieuse. Chaque fois que la leçon était bien apprise et que le maître était satisfait, on leur délivrait un bon; on comptait à la fin du mois et le Roi payait exactement chaque bon d'après un tarif réglé. Cet argent servait aux Enfants de France pour leurs aumônes. L'ardeur de Henri se ralentissait-elle ou son attention était-elle distraite! un mot lui rendait tout son zèle : « Prenez garde, Monseigneur, lui disait-on, vos pauvres en souffriront. » — « Oh! non, s'écriait-il, je ne veux pas, » et il redoublait d'activité et d'application pour gagner l'argent qu'il employait à soulager ses pauvres.

« Ma seule méthode d'éducation, dit Mme de Gontaut, a été une observation continuelle; profitant de tout pour améliorer et instruire, ne laissant jamais échapper le moment d'un tort pour amener celui de la réflexion... Les détails les plus minutieux ont été dirigés par moi; les défauts mêmes des personnes attachées à l'éducation étaient surveillés, la moindre flatterie réprimée, la vérité était scrupuleusement et sévèrement observée... Un enfant prince, exposé à être loué, court le risque de se croire un prodige. Pour obvier à cet inconvénient, Monseigneur et MADEMOISELLE ont souvent des cours d'enfants de leur âge. J'ai cherché par ce moyen à leur donner l'habitude de voir des succès sans envie et d'en obtenir sans vanité. J'ai mis un soin particulier à n'admettre dans l'intimité des études et des jeux que des enfants bien élevés ; ceux-mêmes dont j'étais le plus sûre étaient surveillés. Il est si nécessaire de tout entendre ; car rien dans l'éducation n'est indifférent et l'exemple est d'une conséquence immense ! Cette surveillance est sans doute fatigante pour un chef, car elle doit être de tous les instants ; mais je la trouve d'une telle importance, que je ne me suis jamais permis une négligence dans ce devoir. »

Quand le Prince eut atteint sa sixième année, on confia son éducation aux mains d'un gouverneur. Le duc de Montmorency, appelé à ces hautes fonctions, mourut avant de les avoir exercées ; le duc de Rivière lui succéda ; à sa mort, il fut remplacé par le baron de Damas. Ce dernier employa tous ses soins à corriger le naturel trop vif et trop ardent de son élève et à cultiver ses qualités naissantes.

Henri annonçait dès ses premières années un caractère plein de bonté et de franchise. Un jour vivement contrarié dans ses petites

volontés par sa gouvernante, il laissa échap‑
per un gros juron ; on lui demande qui a pu
lui apprendre à parler ainsi : « Je ne puis le
dire, répond‑il, on le gronderait bien fort. »
Sa mère ne peut obtenir d'autre réponse. On
le mène chez le Roi, qui lui fait sentir toute
l'inconvenance de ses paroles; l'enfant en con‑
vient et promet de ne les point répéter de sa
vie, mais ne veut point dénoncer le coupable :
« Je ferais une bien plus grande faute, si je
causais sa perte. — En ce cas, dit son
grand‑oncle, d'un air grave, restez aux ar‑
rêts derrière mon fauteuil, jusqu'à ce que
vous ayez obéi. » L'enfant reste debout sans
proférer un seul mot et se résigne à subir la
punition qu'on lui a imposée. Au bout d'un
quart d'heure, le Roi l'appelle, le prend sur
ses genoux et le félicite de sa discrétion cou‑
rageuse. Un moment après, Henri rencontre
le coupable, c'était un valet de chambre ; il le
tire par l'habit et lui dit : « Sois tranquille,
je ne t'ai point nommé. »

De bonne heure, il montra un goût pro‑
noncé pour les exercices militaires. Quand le
froid était excessif, il allait à l'Elysée-Bour‑
bon et là, en plein air, il allumait des fagots
et faisait bouillir une marmite. Il ne man‑
quait point d'envoyer de son bouillon à sa
mère et au Roi, qui s'amusaient beaucoup de
cette attention. Ses récréations se passaient
à batailler avec ses petits camarades de jeux.
Il y avait toujours le parti opposé, les An‑
glais ou les Prussiens, et, bien entendu, les

Français étaient toujours vainqueurs. « En avant le drapeau blanc, » disait Henri au porte-enseigne et il se jetait avec furie sur ses petits ennemis, en criant : « Victoire à la France ! Anglais, rendez-vous ! » Un jour, il lui arriva de passer devant un poste sous les armes ; tout à coup, il quitte la main de M. de Damas et va se placer au milieu d'un peloton de grenadiers : « Vous êtes surpris, dit-il à son gouverneur, c'est que je suis soldat aussi, je sers la France ! »

Il avait pris en affection un jeune tambour de la garde qui lui montrait le maniement des armes. Un jour, une partie de quilles fut proposée par le Duc de Bordeaux ; mais il tenait à intéresser la partie, et pour cause : on joua dix francs contre une croquignole que devait subir le jeune tambour, s'il perdait. Celui-ci gagne la première partie. Le Duc paye, et demande sa revanche. A la seconde, le hasard ou son adresse avait donné un grand avantage au Prince, lorsqu'on s'aperçoit qu'il joue négligemment de manière à compromettre sa partie. Sur l'observation qui lui en est faite à diverses reprises, il s'approche d'un officier de sa suite et lui dit tout bas : « *C'est que je voudrais perdre encore.* » Quelle bonté de cœur dans un âge si tendre !

« C'était en juin 1830, Charles X habitait Saint-Cloud, j'étais de service, dit un capitaine de la garde royale. J'accompagnais le Roi, durant une promenade à pied qu'il fit avec son petit-fils, dans les environs. Le Duc de Bordeaux nous précédait en courant. Tout à coup nous le voyons arrêté au détour d'un chemin et nous l'entendons crier : « Vous ne passerez pas! vous n'irez pas plus loin! » Nous approchons et nous trouvons un cercueil à peine recouvert d'un drap, et dont les planches étaient si peu jointes qu'on voyait le corps. Des enfants en haillons suivaient avec quelques amis. Le jeune Prince les avait arrêtés, et comme nous arrivions, il commença à demander au Roi son grand-père, à quelques gentilshommes, et à moi-même, toutes les bourses qu'il réunit à la sienne, qu'il distribua ensuite à cette famille indigente et désolée. Vous n'irez pas plus loin! — N'est-ce pas, grand-père, qu'il faut qu'ils retournent à la maison... Oh! pourquoi tous les morts n'ont-ils pas le même convoi! Je veux que dans trois heures on ait tout réparé. » Et il voulut accompagner le corps jusqu'à sa pauvre demeure. Rien ne put l'empêcher de revenir s'assurer lui-même qu'on avait exécuté ses ordres, et il ajouta: « Oh! si j'étais Roi, je ne souffrirais jamais que les pauvres manquassent d'une sépulture convenable... » Et le lendemain, il revint voir et soulager les orphelins.

Une autre fois, il était allé faire une promenade avec son grand-père; apercevant à un poste des tambours à terre, il les touche en passant, ce qui était défendu par les règlements : « Monseigneur, dit gaîment le soldat propriétaire du tambour, vous voilà dans le cas de l'amende. » « C'est juste, dit son grand'père qui l'entendit, il faut qu'il la paie. Tiens, voilà pour l'amende du Duc de Bordeaux, » et il lui donna un louis. L'enfant ne comprenant pas et croyant qu'il s'agissait de faire un cadeau, court à sa mère, lui exprime l'intention qu'il a d'imiter son grand-père et apporte un louis en disant : « Voilà encore pour le tambour. »

Un jour, qu'il avait, en agitant son sabre, blessé un de ses gens, sa gouvernante lui demande son arme : « Non, non ! s'écrie-t-il avec feu, je ne veux pas. » Et courant à un officier des gardes du corps : « Mon camarade, prenez mon sabre à la bonne heure, vous... mais jamais à une femme, non jamais. »

Le 6 janvier 1830, une fête de famille réunissait aux Tuileries toute la Maison de France et la gaieté la plus franche régnait parmi les convives : c'était la fête des Rois.

Laissons ici parler M. E. Mennechet : « Le moment, dit-il, est enfin venu et tous les yeux se sont tournés vers l'officier de bouche qui porte, sur un plateau d'argent recouvert d'une serviette, les quinze gâteaux dont un seul contient la fève désirée. C'est le duc d'Aumale qui, par le droit du plus jeune, les distribue aux convives, en ayant soin d'en garder un pour lui. Chacun s'empresse de connaître son sort, et les clameurs de l'ambition déçue se font entendre de tous côtés ; un seul enfant rougit et se tait, non qu'il soit embarrassé du rang où il est appelé, mais il ne veut pas humilier ses compétiteurs par l'éclat de sa joie innocente. Sa nouvelle Majesté ne peut pas cependant garder longtemps l'incognito, et le Duc de Bordeaux est proclamé Roi aux acclamations unanimes. C'est alors qu'à l'exemple du nouveau souverain, tous les enfants se livrent à une gaieté que le Roi et Madame partagent, et que la Dauphine ne cherche pas à contenir. Déjà le choix d'une reine est fait, c'est Mme la duchesse d'Orléans, et le repas s'achève au milieu des éclats de rire et des cris *le roi boit*, *la reine boit*, mille fois répétés. Le dîner fini, et au moment où on allait se lever de table, Charles X demande un moment de silence, qu'il obtient avec peine. « Sire, dit-il à son petit-fils, dans cinq minutes vous aurez cessé de régner ; Votre Majesté n'a-t-elle pas d'ordres à me donner ? — Oui, bon papa, je veux... — Vous voulez, prenez garde ; en France le Roi dit *nous voulons*, et quelquefois *ils veulent*. — Eh bien ! nous voulons que notre gouverneur nous avance trois mois de notre pension. — Trois mois, Sire ! que ferez-vous de tant d'argent ? — Bon papa, la mère d'un soldat de votre garde a eu sa chaumière incendiée, et ce n'est pas trop pour la faire rebâtir. — C'est bien, je m'en charge. — Non, bon papa, parce que si c'est vous, ce ne sera pas moi. — Et que ferez-vous sans argent pendant ces trois mois ? — Je tâcherai d'en gagner par les bons points que vous me

payez toujours. Ah ! vous comptez là-dessus ?
— Sans doute, ne faut-il pas que j'habille
mes pauvres comme vous, comme maman,
comme ma tante. Oh ! j'ai fait mon calcul et
je suis bien content ; quand j'aurai donné
dix francs à la pauvre femme du bois de
Boulogne, qui a un petit enfant malade, il me
restera encore vingt sous pour faire le
prince. » A ces mots, Charles X embrassa
avec tendresse son petit-fils, et s'écria :

« Heureuse France, si jamais il est Roi ! »

III. — L'EXIL.

Révolution de 1830. Abdication de Charles X et du
Dauphin. Henri V est proclamé Roi de France. Le
chemin de l'exil : Rambouillet, Montebourg, Valognes, Cherbourg.

Que ne pouvait-on pas attendre d'un enfant, qui, à l'âge de huit ans, s'écriait : « *Je
veux être Henri IV second !* » La révolution
coupa court à toutes ces espérances ; les hommes de 1789 et de 1793 ne pouvaient pardonner à cette race royale qu'ils avaient proscrite,
d'avoir, en quelques années, rendu à la
France sa grandeur primitive et d'avoir osé
arborer le drapeau de Jeanne d'Arc, de Tu-
renne et de Condé sur les murs d'Alger.
Trois journées d'insurrection suffirent pour
abattre un trône séculaire.

Charles X, usant de l'autorité que lui con-
férait la Charte, avait rendu les ordonnances

de juillet 1830 ; malheureusement, par une imprévoyance sans bornes, le ministère ne prit point les mesures suffisantes pour réprimer le moindre mouvement. Les 27, 28, 29 juillet la capitale réussit à s'insurger. Le 30, le Roi voulant à tout prix éviter une guerre civile, quittait Saint-Cloud. Le surlendemain 1er août, « il nommait le duc d'Orléans lieutenant-général du royaume, retirait les ordonnances et convoquait les Chambres pour le 3. » C'était enlever tout prétexte à l'émeute. Le 2 août, il fit plus, lui et son fils, le Dauphin, abdiquèrent en faveur du Duc de Bordeaux.

Le jeune Prince se trouvait à Rambouillet avec toute la Famille royale. Le vieux Roi voulut qu'il apprît immédiatement le changement qui venait de s'opérer par le baron de Damas, son gouverneur. Celui-ci prend avec tendresse et respect son royal élève sur ses genoux, lui parle de l'état de la France, du sacrifice que fait son grand-père pour rendre la tranquillité et le calme à ses sujets, lui apprend qu'il est Roi enfin, et obligé de travailler sans cesse à devenir un bon et grand prince. Profondément ému, le Duc de Bordeaux embrasse son gouverneur et lui demande à aller voir son grand-père. Il passe toute la journée sans se livrer à ses jeux ordinaires, et lorsqu'il voit son aïeul, il se jette dans ses bras, lui baise les mains qu'il arrose de larmes, et reçoit avec recueillement ses exhortations.

Charles X voulut présenter lui-même son petit-fils comme Roi aux troupes assemblées. Accompagné de la Famille royale, il descend le grand escalier du château, il s'avance vers le parc où campaient les troupes, tenant le jeune Prince par la main. Aussitôt les rangs se forment, Charles X et le royal enfant ôtent leur chapeau, ils passent devant le front des bataillons et des escadrons. « Voilà, dit Charles X, votre Roi, Henri V! Je vous le confie ; désormais sa personne est placée sous la garde de votre honneur et de votre fidélité. » Mille acclamations lui répondent ; les sabres sont agités en l'air avec d'énergiques protestations de dévouement, qui, celles-là, étaient sincères ; et, sur de vieilles moustaches, sur des visages sillonnés de cicatrices, on voit couler plus d'une larme.

L'innocence et la jeunesse du Prince ne purent désarmer la haine des partis et le vieux Roi, ne voulant pas que le nom de son Henri fût souillé de sang français, s'achemina vers l'exil.

Quand le 3 août au matin, on vint réveiller le jeune Duc de Bordeaux, il fut étonné, inquiet : « Mais qu'y a-t-il, la Villatte? Pourquoi me lever? — Il faut partir, Monseigneur. — Oh! quel bonheur, nous allons à Paris? — Non Monseigneur. — Comment! non? » On se mit à l'habiller sans lui répondre. « Oh! mon Dieu! où allons-nous donc? » disait tristement le jeune Prince. Hélas! c'était en exil.

La vue de cet enfant proscrit malgré son innocence n'était pas sans inspirer une profonde compassion aux personnes qui le voyaient. A Montebourg, près Valognes, les habitants paraissaient animés d'une curiosité bienveillante et respectueuse. Ils entouraient la voiture du Duc de Bordeaux, lui offraient leurs vœux, lui demandaient ses mains à baiser, et plusieurs s'écriaient en fondant en larmes : « On nous a bien défendu de vous dire ce que nous pensons, mais c'est égal, vive le Duc de Bordeaux, revenez bientôt, mon bel enfant ! »

Le 14 août on arriva à Valognes. La Famille royale s'installa comme elle put et le jeune Prince se coucha tant bien que mal dans le cabinet d'un petit entre-sol. C'était une sorte de réduit placé au-dessus des remises. Au lieu du luxe, cette fois, c'était de la simplicité voisine de la misère. Le royal enfant tombait de surprise en surprise. Se trouvant à déjeûner le lendemain avec sa sœur Louise, Henri mangeait debout devant une petite table à demi cassée et dont un pied était plus court d'un pouce que les trois autres : chaque fois que les enfants appuyaient sur ce meuble, ils le mettaient en mouvement ; la secousse dérangeait l'économie de leur déjeuner. Henri et sa sœur riaient beaucoup en disant : « Oh, la singulière table ! » Il est vrai qu'ils n'en avaient jamais vu de semblable chez leurs parents. Peu de temps après, survint M. de la Villatte, un brave

soldat attaché au service du Duc de Bordeaux.
Il y avait quelque temps qu'on ne l'avait vu.
Les deux enfants lui reprochèrent d'être
resté si longtemps absent. « En même temps,
dit M. Mazas, auquel nous empruntons ce récit, ils voulurent prendre ce qu'il portait
sous le bras ; mais ils ne purent s'en rendre
maîtres, car lorsque M. de la Villatte tient
quelque chose, il n'est pas facile de le lui
ravir de force ; enfin il fallut qu'il montrât
ce qu'il cachait : il fit paraître à leurs regards
une grosse paire de souliers. Les deux enfants éclatèrent de rire. « Vous riez, mais je
viens de courir toute la ville pour me les
procurer, je n'ai pu rien emporter de Saint-
Cloud, et je manque de chaussures. » Le Duc
de Bordeaux et MADEMOISELLE disaient à plusieurs reprises : « Comment, vous n'avez pas
de souliers ? » Ils ne pouvaient pas comprendre qu'on n'en eût pas. Mme la Dauphine
contemplait cette scène en silence : l'étonnement de ces enfants la faisait sourire ; pour
sa propre part, elle comprenait fort bien
qu'on n'eût pas de souliers ; la petite-fille de
Marie-Thérèse avait fait de bonne heure,
dans la tour du Temple, l'apprentissage de
la gêne. »

C'est encore à Valognes qu'eut lieu la
scène attendrissante de la remise des drapeaux des quatre compagnies des gardes du
corps qui venaient faire leurs adieux au Roi.
Tous les assistants étaient profondément
émus. Charles X prononça alors ces paroles

remarquables : « Messieurs, je reprends ces étendards; vous avez su les conserver sans tache : j'espère qu'un jour mon petit-fils vous les rendra de même. »

Le 16, la Famille royale quittait Valognes et arrivait à Cherbourg, c'était la dernière halte sur le sol français. Les deux navires qui devaient l'emmener loin de la France l'y attendaient. Singulier retour des choses humaines ! ces bâtiments appartenaient au beau-père de Jérôme Bonaparte, l'américain Patterson.

Le 16 août 1830, à 2 heures un quart, par une des plus belles journées qui aient jamais vu plus grande infortune, le Roi Charles X et ses enfants quittaient la France. Durant tout le voyage, pas un cri hostile ne s'était fait entendre : ce spectacle inouï de trois générations royales partant pour l'exil faisait naître les plus douloureuses réflexions et taire toutes les mauvaises passions. Le petit Prince et la princesse, sa sœur, attiraient surtout l'attention : Si jeunes, répétait-on, et déjà si à plaindre? Les deux enfants ouvraient de grands yeux et regardaient la foule sans trop comprendre; l'avenir devait leur découvrir le sens de ce mot mystérieux : l'*exil!*

Au moment du départ, M. Odilon Barrot, l'un des commissaires du nouveau gouvernement, n'avait pu s'empêcher de dire, en montrant le jeune Prince au Roi son aïeul : « Sire, conservez bien cet enfant précieux *sur*

lequel reposent les destinées de la France ! »
Ce furent les dernières paroles adressées aux
illustres proscrits ; peu après, ils quittaient
le sol de la patrie.

IV. — LULLWORTH, EDIMBOURG.

La traversée. Lullworth. Holy-Rood. Amour de Henri
pour la France : *je verrai la France ; non, non,
cela est impossible ; je me suis cru en France !* Sa
première communion. Ses études. Son portrait.
Départ d'Holy-Rood (1830-1832).

La traversée dura plus de huit jours ; l'in-
certitude du lieu où l'on devait conduire les
exilés explique la longueur du trajet. Le capitaine Dumont d'Urville, qui devait tout son
avancement à Charles X, avait accepté cette
triste mission ; il se montra sans égards pour
le malheur et ternit sa réputation par une
conduite plus qu'inconvenante.

La veille de l'embarquement, Charles X
avait dit à son petit-fils. « Eh ! bien es-tu
décidé à ne pas être malade sur mer ? — Vous
verrez, bon papa, que je me tiendrai bien,
La Villatte m'a dit comment il fallait faire. »
Le pauvre enfant eut pourtant beaucoup à
souffrir ; malgré son énergie et les petits soins
pris à l'avance.

Le premier séjour des Bourbons sur la terre
étrangère fut le château de Lullworth, situé
sur les côtes de Dorsetshire. Ils y furent ac-
cueillis avec la plus affectueuse cordialité par
la famille des Weld dont la fidélité pour les
trônes déchus remontait aux Stuarts. Peu

après, ils allèrent habiter l'antique palais d'Holy-Rood situé dans la ville d'Édimbourg. Au moment de quitter Lullworth pour se retirer en Ecosse, MADEMOISELLE dit à son frère : « Je serai plus heureuse que toi, je ferai le voyage par terre, et toi, tu iras par mer, tu ne verras rien. — Ah ! répondit Henri, je ne voudrais pas changer avec toi, je verrai la France. »

La France, toujours la France, il ne vivait, il ne respirait que pour elle. A elle, toujours, il envoyait ses petites économies; la pensée d'avoir secouru des Français le consolait de l'ingratitude de ses concitoyens.

Lorsque les journaux firent connaître à Holy-Rood la loi du colonel Briqueville relative au bannissement à perpétuité de Charles X et de sa famille, Henri fut saisi d'un mouvement d'horreur. « Je n'y puis croire, s'écriat-il, c'est impossible ; mais ils ne savent donc pas que je les aime et bien plus que tous les autres pays, où l'on est cependant bien bon pour nous ! Non, non, je ne le croirai jamais... Non, cela est impossible. »

Un ancien député du Bourbonnais, M. de Conny, vint le visiter à Holy-Rood. Le jeune Prince le reçut avec effusion et une joie toute spontanée : « Vous arrivez de France, lui dit-il, et vous allez y retourner. Ah ! qu'on est heureux d'habiter la France ! Je vous donnerai un de mes dessins : c'est un grenadier de la garde » et ouvrant son portefeuille qui en contenait plusieurs : « Voyez, s'écria-t-il, qu'ils étaient beaux ces grenadiers ! que je les aimais èt combien ils m'aimaient aussi ! » Une autrefois il disait au même visiteur : « J'ai été heureux ce matin ! J'allais au manége; en traversant la rue ou vous habitez, j'ai rencontré un régiment, et la musique a joué *Vive Henri IV!* Ne l'avez-vous pas remarqué ? Je me suis cru en France. »

Quelquefois, à la pensée de la haine qui accueillait ses bienfaits en France, il était pris d'une sorte de découragement. Alors apparaissait près de lui sa sœur Louise, cet ange envoyé du ciel pour sécher tous les pleurs et égayer de son sourire les amertumes de l'exil. « Qu'importe, disait-elle, qu'on nous méconnaisse, que l'on attribue notre offrande à un motif indigne de nous ! Le bien que nous aurons fait, les larmes que nous aurons taries, ne·le seront pas moins. Et quand nous n'aurions ravi à la douleur qu'un seul malheureux ! Henri, laissons-nous soupçonner sans regrets. Ta vie à venir nous justifiera, car tes vertus, les cœurs que tu auras soumis, voilà, mon frère, l'héritage que je réclamerai un jour ! — Toi, répondit Henri, toi, Louise, ma sœur et toujours ma meilleure amie, tu partageras tout avec moi ! mais peut-être, hélas ! ne sera-ce que la terre d'exil; peut-être y grandirons-nous, y vieillironsnous; mais, du moins, mon bras ne sera pas toujours débile : il sera l'appui de ma mère. » Paroles empreintes de tristesse qui n'en témoignaient pas moins de la vive affection du frère et de la sœur.

Ce fut le 2 février 1832, que le Duc de Bordeaux fit sa première communion. La veille de ce jour solennel, le jeune Prince descendait le soir chez son grand-père et là, à genoux, il reçut une des plus touchantes bénédictions qui aient jamais été données. Son oncle et sa tante le bénissaient en même temps. Au milieu de leur émotion, on les entendait répéter à plusieurs fois : « Prie bien, prie surtout pour la France. »

A la fin de cette belle journée, Charles X apprit à son petit-fils toutes les circonstances du meurtre de son père. Le jeune Prince sut tout, pleura et pardonna. Qu'il était bien le fils du martyr du 13 février, qui répétait à sa dernière heure : « Grâce pour l'homme ! »

A Holy-Rood, furent reprises régulièrement les études du Duc de Bordeaux. La direction en fut entièrement concentrée dans les mains de M. Barrande, ancien élève de l'Ecole polytechnique, homme de haute intelligence et d'une vaste érudition. Si Henri était resté en France, son éducation, si fortement commencée, eût certainement continué à être dirigée par les hommes les plus éminents du siècle ; mais cependant quelle différence avec l'éducation de l'exil ! Les leçons de l'adversité, ce grand maître, fortifient son cœur, ses malheurs lui apprennent que les Rois sont faits comme les autres hommes et ne sont pas à l'abri des douleurs ; que, « pour être dignes de commander, il faut qu'ils montrent leurs vertus à côté de leurs droits, » selon la belle expression de Lamartine. Eloigné de son pays, il pourra mieux juger les grandes luttes qui s'y préparent et saisira mieux par quels moyens on aurait pu les éviter.

Un Anglais, qui vint à Holy-Rood dans l'automne de 1832, parle en ces termes du fils du duc de Berry : « Il a le caractère impétueux de son père, les grâces et la gaieté de sa mère, le bon cœur de tous ses parents. Peu d'enfants ont à cet âge l'esprit aussi cultivé, surtout sous le rapport des connaissances historiques... Son esprit vif et éveillé lui fait trouver de petits traits enjoués, de petites saillies qui répandent beaucoup de charmes dans ses discours enfantins. » Il n'oubliait pas les pauvres d'Edimbourg et se plaisait à soulager leurs infortunes : « Je ne connais pas de plus gentil garcon, disait une vieille femme de la ville en parlant du Duc de Bordeaux. Il est bon pour les pauvres gens et ne garderait pas l'argent, lorsque quelqu'un en a besoin. Et tant pis sera pour nous ici, lorsqu'il s'en ira chez lui, en France. »

L'attitude peu favorable de l'Angleterre força bientôt les Bourbons à quitter Holy-Rood, tant il y avait pour eux d'instabilité jusque dans l'exil même ! Les adieux furent touchants ; le peuple d'Ecosse éprouvait tant de peines à se séparer de ce royal enfant qui savait déjà donner *en Bourbon*, de sa sœur,

Mademoiselle, si bonne et si gracieuse, de ce vieux Roi, de son fils dont la douleur et la charité émouvaient tous les cœurs et enfin de la fille de Louis XVI, dont l'infortune n'avait d'égale que la générosité.

V. — PRAGUE, GORITZ.

Prague. Le 20 septembre 1833. La duchesse de Berry. Adieux de Prague. Noirs pressentiments de Charles X. Budweiss. Lintz. Goritz. Mort de Charles X (1832-1836).

Prague fut la troisième demeure des descendants de saint Louis sur la terre étrangère. Ils y habitèrent le Hradschin, vaste palais mis à leur disposition par l'Empereur François II, et, pendant l'été, la résidence de Buschtirad, que leur avait offerte le Grand-Duc de Toscane. Ils y reprirent le cours de leur vie habituelle. Les journées s'y succédaient avec une triste monotomie; trop heureux, quand de rares courtisans du malheur venaient, à la veille de quelque anniversaire, apporter aux exilés un parfum de la patrie absente.

Une de ces plus belles journées fut celle du 27 septembre 1833. Le Duc de Bordeaux entrait dans sa quatorzième année; suivant les anciennes lois de la Monarchie, c'était l'époque de sa majorité. Aussitôt arrivent de tous les points de la France les pèlerins de la fidélité, les Chateaubriand, les Marcellus, les Walsh et tant d'autres que nous regrettons de ne pouvoir nommer.

« Messieurs, répondit Henri à une adresse qu'étaient venus lui lire un grand nombre de Français, je travaille de toutes mes forces à me rendre digne des devoirs importants que ma naissance m'impose ; c'est pour moi le plus sûr moyen de reconnaître vos sentiments. Je ne serai heureux que lorsqu'il me sera permis d'unir mes efforts aux vôtres pour l'affranchissement de notre commune patrie. »

Seule, la duchesse de Berry manquait à cette fête. Espérant faire valoir les droits de son fils, elle était descendue en France ; mais trahie, vendue et enfermée dans une prison, elle avait vu fuir le rêve de son existence. Rendue à la liberté, elle tomba malade à Léoben ; les embrassements de ses enfants lui rendirent la santé et lui firent oublier toutes ses peines.

Plus de trois ans s'étaient écoulés (1832-1836) depuis que la Famille royale était fixée dans la capitale de la Bohême, lorsque la mort de l'empereur François II et les préparatifs du couronnement de son successeur Ferdinand II, que l'on faisait au Hradschin, déterminèrent le frère de Louis XVI à changer de résidence. Sur la renommée du site de Goritz, il résolut d'y fixer son séjour. Les adieux de Prague furent aussi touchants que ceux d'Holy-Rood. C'était la même foule, qui faisait paraître les mêmes sentiments et les mêmes regrets. Étrange destinée des Bourbons ! En France, ils étaient en butte aux haines des partis, tandis que les populations étrangères parmi lesquelles ils fixaient leur 'exil, les pleuraient comme leurs pères ! Charles X lui-même était ému et tâcha de se dérober à toutes les marques de reconnaissance. Il arrêta longtemps les yeux sur la magnifique perspective que Prague offrait à sa vue : « Voilà, dit-il, une des plus belles situations que j'aie jamais vues : ce spectacle était pour moi une véritable jouissance.... Nous quittons ce château sans bien savoir où nous allons ; à peu près comme les patriarches qui ignoraient où ils planteraient leurs tentes... Que la volonté de Dieu s'accomplisse ! »

Depuis quelque temps, le vieux Roi était en proie à de tristes pensées ; il avait un pressentiment de sa mort prochaine et il lui semblait bien amer d'avoir une tombe dans l'exil. Les espérances, qu'il plaçait en son petit-fils, étaient les seuls liens qui le rattachaient encore à l'existence. Il eut un moment d'angoisse lorsque Henri de France tomba grièvement malade, à Budweiss, dans le trajet de Prague à Goritz ; heureusement, ce n'était qu'une crise de développement et le jeune Prince put bientôt occuper ses loisirs à parcourir les lieux où il passait.

A Lintz, l'archiduc Maximilien conduisit le Duc de Bordeaux dans toutes les parties du grand système de fortifications dont il était l'inventeur; il fut si charmé de son instruction et de son intelligence militaires, qu'après son départ, il dit aux officiers de son entourage : «Je suis sûr que vous avez ressenti ce que j'ai éprouvé auprès de ce jeune Prince; il a en lui quelque chose d'extraordinaire : *on dirait que la main de Dieu est sur sa tête.* »

Ce fut encore dans cette ville que fut célébré l'anniversaire de la naissance du Roi qui achevait sa soixante-dix-neuvième année. MADEMOISELLE vint lui exprimer ses vœux avec sa grâce habituelle : «Mon enfant, lui répondit son grand-père, le ciel m'accorde de commencer avec vous cette quatre-vingtième année, il est probable qu'elle ne se terminera pas de même.» Une larme mouilla les yeux de l'aimable princesse, qui feignit de ne pas comprendre et détourna adroitement la conversation; mais le Roi, s'adressant aux Français réunis dans le salon : « Oui, leur dit-il, peu de temps s'écoulera d'ici au jour où vous suivrez les funérailles du pauvre vieillard. »

Hélas! il disait vrai; le 6 novembre 1836, deux jours après la Saint-Charles, le vainqueur d'Alger mourait frappé du choléra. Ses dernières paroles furent un pardon pour ses ennemis et un souvenir pour Henri et Louise : « Que Dieu vous protége, mes enfants, leur dit-il, marchez devant lui dans les voies de la justice... ne m'oubliez pas... Priez quelquefois pour moi!» Il fut enterré dans l'humble couvent des Franciscains de Goritz. C'était le premier deuil des Bourbons sur la terre étrangère, ce ne devait pas être le dernier.

VI. — ÉDUCATION DE HENRI V.

Ses maîtres ; plan de l'éducation ; qualités du corps, de l'esprit et du cœur.

Après la mort de Charles X, la Famille royale concentra ses affections sur le riant augure du 29 septembre. Henri annonçait déjà ces qualités si précieuses qui se retrempent au contact du malheur. Rien n'avait été oublié pour concourir à son éducation. Les hommes les plus éminents avaient été appelés de France. C'étaient M. Barrande, dont nous avons parlé ; puis Mgr Frayssinous, chargé de la direction des études classiques ; M. l'abbé Trébuquet, *l'ange de Frohsdorf*, qui s'est éteint doucement en 1869 ; M. Cauchy, qui initia son élève aux sciences exactes ; enfin le colonel Monnier, les généraux d'Hautpoul et de Saint-Chamans, chargés de lui faire connaître toutes les parties de l'art militaire. On n'avait pas négligé l'étude des langues étrangères ; Henri les parlait avec facilité, mais ne s'en servait qu'avec répugnance. On lui en fit un jour l'observation : « Que voulez-vous ? répondit-il, je pense toujours au français. »

« Je veux, disait l'évêque d'Hermopolis, en faire avant tout un honnête homme, un chrétien qui puisse supporter la bonne comme la mauvaise fortune. Je lui dirai : Il importe peu que vous soyez Roi, Dieu seul en décidera ; mais ce qui importe, c'est que, si vous n'êtes pas sur le trône, chacun voie et sente que vous êtes digne d'y monter. » Il écrivait dans une lettre à la duchesse de Berry : « Espérons que le jeune Prince tiendra ce qu'il promet : il y a dans son âme et dans son esprit de quoi faire une honnête homme, un chrétien sincère et un grand prince. » Ces vœux se réalisaient-ils? Il faut le croire si l'on interroge les pèlerins de l'exil. « Parmi les enfants extraordinaires que j'ai vus, disait Chateaubriand, nul ne m'a plus étonné que M. le Duc de Bordeaux. »

Nous ne saurions ici omettre le beau récit de l'illustre auteur du *Génie du christianisme*, il fera mieux juger au lecteur combien le Prince était avide de connaissances et combien grande était son instruction ainsi que celle de sa sœur.

« Mme de Gontaut, raconte l'incomparable écrivain, me présenta à la sœur de mon petit Rôi ; innocents fugitifs, ils avaient l'air de deux gazelles cachées parmi des ruines... Mademoiselle me dit aussitôt : « Oh! Henri a été bien bête ce matin : il avait peur. Grand-papa nous avait dit : Devinez qui vous verrez demain : c'est une puissance de la terre ! Nous avions répondu : Eh bien ! c'est l'empereur. Non, a dit grand-papa. Nous avons cherché ; nous n'avons pas pu deviner. Il a dit : C'est le vicomte de Chateaubriand. Je me suis tapé le front pour n'avoir pas deviné. » Et la princesse se frappait le front, rougissant comme une rose, souriant spirituellement avec ses beaux yeux tendres et humides ; je mourais de la respectueuse envie de baiser sa petite main blanche...

Après le repas, les enfants sont entrés, le Duc de Bordeaux conduit par son gouverneur, Mademoiselle par sa gouvernante. Ils ont couru embrasser leur grand-père, puis ils se sont précipités vers moi ; nous nous sommes nichés dans l'embrasure d'une fenêtre donnant sur la ville et ayant une vue superbe... Tout d'un coup Henri me dit : « Vous avez vu des serpents devins ? — Monseigneur veut parler des boas ; il n'y en a ni en Égypte, ni à Tunis, seuls points de l'Afrique où j'aie abordé ; mais j'ai vu beaucoup de serpents en Amérique. — Oh ! oui, dit la princesse Louise, le serpent à sonnettes, dans le *Génie du christianisme.* »

Je m'inclinai pour remercier MADEMOISELLE. - « Mais vous avez vu bien d'autres serpents ? a repris Henri. Sont-ils bien méchants ? — Quelques-uns, Monseigneur, sont fort dangereux, d'autres n'ont point de venin et on les fait danser. »

Les deux enfants se sont rapprochés de moi avec joie, tenant leurs quatre beaux yeux brillants fixés sur les miens.

« Et puis il y a le serpent de verre, ai-je dit : il est superbe et point malfaisant ; il a la transparence et la fragilité du verre ; on le brise dès qu'on le touche. — Les morceaux ne peuvent pas se rejoindre ? a dit le Prince. — Mais non, mon frère, a répondu pour moi MADEMOISELLE. — Vous êtes allé à la cataracte de Niagara! a repris Henri. Ça fait un terrible ronflement! peut-on la descendre en bateau? — Monseigneur, un Américain s'est amusé à y précipiter une grande barque; un autre Américain, dit-on, s'est jeté lui-même dans la cataracte; il n'a pas péri la première fois; il a recommencé et s'est tué à la seconde expérience. » Les deux enfants ont levé les mains et ont crié : « Oh ! »

Mme de Gontaut a pris la parole :

« M. de Chateaubriand est allé en Egypte et à Jérusalem. » MADEMOISELLE a frappé des mains et s'est encore rapprochée de moi. « M. de Chateaubriand, m'a-t-elle dit, contez donc à mon frère les pyramides et le tombeau de Notre-Seigneur. »

J'ai fait du mieux que j'ai pu un récit des pyramides, du saint tombeau, du Jourdain, de la Terre-Sainte. L'attention des enfants était merveilleuse : MADEMOISELLE prenait dans ses deux mains son joli visage, les coudes presque appuyés sur mes genoux, et Henri perché sur un haut fauteuil remuait ses jambes ballantes.

Après cette belle conversation de serpents, de cataracte, de pyramides, de saint tombeau, MADEMOISELLE m'a dit : « Voulez-vous me faire une question sur l'histoire?—Comment, sur l'histoire? — Oui, questionnez-moi sur une année, l'année la plus obscure de toute l'histoire de France, excepté le dix-septième et le dix-huitième siècle que nous n'avons pas encore commencés. — Oh ! moi, s'écria Henri, j'aime mieux une année fameuse : demandez-moi quelque chose sur une année fameuse. » Il était moins sûr de son affaire que sa sœur.

Je commençai par obéir à la princesse et je dis : « Eh bien ! MADEMOISELLE veut-elle me dire ce qui se passait et qui régnait en France en 1001 ? » Voilà le frère et la sœur à chercher, Henri se prenant le toupet, MADEMOISELLE ombrant son visage avec ses deux mains, façon qui lui est familière, comme si elle jouait à cache-cache ; puis elle découvre subitement sa mine jeune et gaie, sa bouche souriante, ses regards limpides. Elle dit la première : « C'était Robert qui régnait, Grégoire V était pape, Basile III, empereur d'Orient. — Et Othon III, empereur d'Occident, » cria Henri, qui se hâtait pour ne pas rester derrière sa sœur, et il ajouta : « Veremond II, en Espagne. » MADEMOISELLE lui coupant la parole dit : « Ethelrède, en Angleterre. — Non pas, dit son frère, c'était Edmond, *Côte-de-Fer*. » MADEMOISELLE avait raison ; Henri se trompait de quelques années en faveur de *Côte-de-Fer* qui l'avait charmé ; mais cela n'en était pas moins prodigieux.

« Et mon année fameuse ? demanda Henri d'un ton demi-fâché. — C'est juste, Monseigneur : que se passa-t-il en l'an 1593 ? —

— Bah ! s'écria le jeune Prince, c'est l'abjuration de Henri IV. » MADEMOISELLE devint rouge de n'avoir pu répondre la première. »

Les exercices du corps n'avaient pas été négligés. Rompu à toutes les difficultés de l'équitation, versé dans l'escrime, il était en outre d'une habileté remarquable au tir du pistolet, et y mettait tant d'ardeur que M. de la Villatte, chargé du soin de sa personne, était obligé de l'entraîner lorsque le moment de se retirer était venu. « Encore un petit coup, mon bon la Villatte, et ce sera le dernier ; oh ! oui, le dernier... si je ne le manque pas... Le voici manqué... oh ! peut-on finir comme cela ? C'est impossible. Tenez, tenez, à coup sûr celui-ci ne manquera pas... » et il sortait tout rayonnant d'avoir une dernière fois atteint le but. On en fit de bonne heure un nageur intrépide. Sa dernière épreuve fut de se jeter tout habillé dans la Moldau, rivière qui baigne les murs de Prague. Parvenu à l'autre bord, il dit une parole qui peignait bien toute la noblesse de son cœur : « Maintenant je pourrai sauver un homme. »

Aux qualités de l'esprit et du corps, Henri de France joignait d'éminentes qualités du cœur. Que de fois ne l'a-t-on pas vu avec sa sœur parcourir les chaumières des indigents ! que de larmes n'a-t-il pas séchées ! que de bienfaits ignorés n'a-t-il pas répandus !

VII. — VOYAGES DE HENRI V.

Voyages de Henri V dans la Haute-Italie. Voyage
dans les provinces d'Autriche. Voyage de Rome,
Naples, Florence ; son effet ; désappointement des
ennemis de Henri V ; anecdotes. Traité du 19
juillet 1840 ; études stratégiques (1836 1841).

Pour que rien ne manquât à cette éducation vraiment royale, on voulut qu'il joignît
à la science des livres celle de l'expérience.
Quand le cours de son éducation classique
fut achevé, il entreprit une série de voyages,
qui devaient compléter son instruction militaire et ses études politiques et lui faciliter
l'usage des langues étrangères qu'il possède
à un si haut degré. C'est ainsi qu'en 1836, il
visita, en compagnie du colonel Monnier, les
champs de bataille qui s'étendent autour de
Prague. En 1838, il avait vu Venise, Man-
toue et Milan.

Au printemps de 1839, il parcourait les
diverses provinces de la monarchie autri-
chienne. « Il avait, dit Théodore Muret, pour
l'accompagner, le général Foissac-Latour, le
duc de Lévis, qui a commandé avec honneur
le 54ᵉ de ligne (spécialement dans l'expédi-
tion de Grèce en 1828, où il coopéra à la
prise du château de Morée), et le comte de
Locmaria. Le Prince visita la Transylvanie
et les frontières de l'Autriche qui touchent à
l'empire ottoman : étant passé à Péterwar-
dein, où le prince Eugène de Savoie rem-
porta sur les Turcs une célèbre victoire,

Henri se plut à rappeler que la gloire de cette journée fut partagée par un Français le comte de Bonneval, qui servait sous les ordres du prince en qualité de major-général. Le noble voyageur alla jusqu'à la ville turque de Belgrade, où il fut reçu avec autant de respect que d'empressement par Joussouf-Pacha, l'un des principaux généraux du sultan. Par un hasard qui fut très-agréable à Henri, ce fut un Français, ancien hussard du 6ᵉ régiment et jadis prisonnier de guerre en Russie, qui lui servit les rafraîchissements d'usage...

« En Transylvanie se trouve une sorte de colonie de Français. Henri se détourna de son chemin exprès pour les voir. Ils allèrent joyeusement à sa rencontre avec leur maire et leur curé. Pour ces braves gens, la révolution de juillet n'existait pas. Combien le noble exilé fut-il heureux de se trouver ainsi au sein d'une petite France ! Henri parcourut la Hongrie ; il étudia les institutions politiques si remarquables de ce pays. Dans les contrées les plus reculées, son nom et ses malheurs étaient connus et les populations accouraient sur son passage pour le saluer. A Pesth, le Prince avait projeté de se baigner dans le Danube, très-large en cet endroit, et la prudence exigeait qu'on le fît suivre d'un bateau. Un seul batelier avait été averti, mais à peine le Prince parut-il à la pointe de l'île située à une demi-lieue de Pesth, qu'un grand nombre de barques, dont plusieurs étaient ornées de fleurs ou chargées de musiciens, se groupèrent autour du modeste batelet ; soixante nageurs se jetèrent à l'eau avec le Prince, tandis que le peuple, groupé sur les bords du fleuve, poussait de bruyantes acclamations. Le soir, Henri reçut une sérénade préparée par les musiciens de la ville, et le lendemain l'archiduchesse Palatine lui donna un dîner dans l'île même où il avait éprouvé une si agréable surprise.

« De Pesth, le Prince se rendit à Presbourg par le bateau à vapeur. Plus de deux cents personnes s'y étaient embarquées et prodiguèrent à Henri toutes sortes de marques de respect. A Vienne, il reçut le plus brillant accueil : on voulut lui prodiguer les honneurs qu'il refusa, préférant garder son incognito, qui lui permettait d'entrer plus librement en relation avec tous les hommes dont la conversation pouvait lui être utile. Néanmoins, le Prince dînait souvent chez l'empereur avec les membres de la famille impériale. » Il ne put s'empêcher de visiter dans sa retraite de Weilbourg, l'illustre archiduc Charles, qui se mesura si glorieusement avec la fortune de Napoléon. Au sortir de l'entretien, évoquant par la pensée les grandes scènes dont il venait d'entendre le récit, il court à Wagram et étudie, sur le terrain même, la marche de la bataille ; par une heureuse circonstance, il avait avec lui deux acteurs de cette immortelle journée, MM. de Locmaria et de Foissac-Latour.

A la fin de la même année et au commencement de l'année 1840, il visitait toute l'Italie et assistait aux grandes manœuvres du camp de Vérone. La vivacité de son intelligence et son affabilité charmaient toutes les personnes qui l'approchaient. Le duc de Cambridge du sang royal d'Angleterre ne put résister à cet invincible attrait : il lui dit en le quittant : « Je voulais aller à Paris, mais maintenant je n'irai plus que lorsque je serai sûr de vous y trouver. » Après avoir traversé rapidement Gênes, Livourne, Pise et Sienne, Monseigneur s'arrêta à Rome, pour y étudier toutes les grandeurs anciennes et modernes, la cité païenne et la société chrétienne. Le Saint-Père le reçut en audience solennelle et le traita avec la plus grande distinction.

Une foule immense de Français, protestant contre la lâcheté de ceux qui n'adorent que le dieu du moment, se porta au palais Conti, résidence du Prince. Le 1ᵉʳ janvier, la foule des visiteurs était si grande que quelques dames se trouvèrent indisposées par la chaleur. Il s'en aperçut et dit tout bas : « On se plaint de ne pouvoir respirer ; pour moi, je n'ai jamais respiré si à l'aise. Ce monde venu de France m'a apporté l'air du pays ; jamais, mon cœur n'a mieux battu. » Un simple artisan de Marseille supplia S. A. R. d'admettre à son service l'un de ses fils : « Prenez mon fils, Monseigneur, lui dit-il, je suis assez riche pour l'entretenir ; nous serons tous si heureux d'avoir un des nôtres auprès de vous. »

Parmi ces visiteurs, il y avait aussi des ennemis de Henri de France venus, avec un sentiment de haineuse curiosité, pour s'assurer si l'héritier de nos Rois, comme aimait à le répéter la presse officieuse, était dénué de toute capacité. Grand fut leur étonnement de voir un jeune homme, au front rayonnant d'intelligence, beau, affable et ouvert à toutes les questions du jour. Quelques mots résumeront l'effet du voyage de Rome, ils viennent de la bouche d'un adversaire du Prince, de M. de Flahaut, ambassadeur de Louis-Philippe : « Deux choses frappent en lui : *un air de grandeur et de prédestination.* »

De Rome, le fils du duc de Berry vint à Naples (18 janvier 1840) où on l'accueillit en Roi. Ferdinand, souverain des Deux-Siciles, voulut voir le fils de son héroïque sœur. M. le Comte de Chambord, donnons à Henri V le titre qu'il avait pris lui-même en quittant la France (16 août 1830), ne perdait pas son temps dans les fêtes de la cour; on le voyait, tantôt avec le général Filiangeri, dans les casernes, les arsenaux de Naples; tantôt faire des excursions à Herculanum, Pompeï et Sorrente.

Dans une de ses visites à l'hospice des pauvres de cette ville, il parcourait les nombreux ateliers de ce bel établissement. Il s'était particulièrement arrêté à la section des sourds-muets, les suivant avec intérêt dans leurs classes et leur adressant des questions auxquelles ils répondaient avec une grande intelligence. L'un d'eux, pauvre orphelin abandonné, regardait, depuis longtemps, le petit-fils de Charles X avec une attention marquée, et cédant à son tour au besoin de lui faire une question, il prit le crayon et traça ces mots sur le tableau : « Comment vous appelez-vous ? » Le Prince lui demanda son crayon et répondit : « *Henri de France, et vous ?* » La réponse ne se fit pas attendre, le sourd-muet écrivit avec un certain empressement : « Je m'appelle *Etienne de Naples !* » Le Prince rit beaucoup, et comme lui tous les assistants ; le pauvre Etienne était fort surpris de cette gaieté, il ne comprenait pas que son nom pût être si divertissant. On lui expliqua, après le départ du Prince, quel personnage il venait d'interroger ; son étonnement cessa.

Il voulut gravir le Vésuve ; ses nombreux compagnons de route se tenaient à quelque distance de lui : « En avant, Messieurs, s'é-cria-t-il, je vous veux tous à mes côtés. »

Le lendemain, par une de ces belles soi-rées dont jouit Naples, on fit une promenade sur mer. L'esquif, poussé par une brise lé-gère, voguait vers Ischia et Procida ; la con-versation vint à tomber sur les coups de vent qui sont assez fréquents dans ces parages : « Si nous étions jetés sur les côtes d'Afrique, dit quelqu'un, que ferions-nous ? « — Ce que nous ferions, répond Monseigneur, nous prendrions chacun un fusil, nous marcherions contre les Arabes et après les avoir bien frottés, nous reviendrions nous embarquer, non sans avoir demandé à nos compatriotes, s'ils sont contents de nous. »

L'auguste voyageur reprit bientôt (27 janvier) la route de Rome, où Grégoire XVI le reçut, une seconde fois, en audience. Son séjour dans la Ville Eternelle fut fort court, au grand regret du peuple romain qui eût désiré le voir s'arrêter plus longtemps au milieu de lui. Le 9 février, il était à Florence l'objet de toutes les prévenances et les attentions. Le vieux républicain Bertholini, sculpteur renommé, dont il visita les ateliers, ne put s'empêcher de dire : « J'ai eu l'honneur de recevoir Monseigneur le Duc de Bordeaux. Je regrette de n'être plus assez jeune pour faire son buste de souvenir ; ce serait le Roi des Princes. »

Henri V était à peine de retour à Goritz, lorsqu'il apprit la nouvelle du traité du 15 juillet 1840, qui enlevait à la France son influence prépondérante. « Un Bourbon, s'écriat-il aussitôt, un Bourbon aurait répondu avec le canon, qui émancipa l'Amérique et conquit Alger. » Pour faire trêve à l'indignation qui débordait de son cœur, il se rendit aux champs de bataille d'Austerlitz, de Lutzen et de Bautzen. Là, il suivait le mouvement des armées ; le plan de bataille à la main, il faisait mouvoir les troupes, commandait la charge décisive et livrait de nouveau, par la pensée, les grands combats de nos pères ; ses

yeux, brillant d'un éclat nouveau, semblaient
dire : Que n'étais-je là ! Une excursion en
Bohême et en Suisse termina cette visite aux
lieux illustrés par la gloire de la France.

A ces études de stratégie succédèrent des
études maritimes à Venise (1840-1841) entreprises au milieu de l'hiver même, tant le petit-
fils de Charles X tenait à cœur de n'ignorer
aucune branche des connaissances humaines.

Cette vie si active fut interrompue par un
grave accident.

VIII. — ACCIDENT DE KIRCHBERG

Accident de Kirchberg. Mort du duc d'Orléans ; belle
    conduite de Henri V. Son voyage en Saxe (1841-
    1843).

Le 28 juillet 1841, le Prince était sorti
pour faire une promenade aux environs de
Kirchberg, sa résidence d'été. Tout à coup,
le cheval qu'il montait, vif et ombrageux,
s'arrête effrayé par une charrette couverte
d'une de ces bâches, blanches et mobiles, si
communes dans ces pays. Excellent et hardi
cavalier, Monseigneur veut passer outre, le
cheval se cabre, une des personnes qui l'entourent se précipite à son secours : « Non
pas, s'écrie-t-il, s'il y a du danger, c'est moi
que cela regarde ; » et il donne un coup d'é-
peron. L'animal, hors de lui, se dresse sur
ses pieds de derrière et se renverse sur son
cavalier qui n'avait perdu ni la selle, ni les
étriers. M. le Comte de Chambord était éten-

du en arrière et le cheval pesait de tout son poids sur lui. Pour se dégager, il l'atteint du bras qui lui est resté libre, l'animal, après quelques efforts, se relève en prenant pour point d'appui la cuisse même du Prince. Jugez des douleurs horribles qu'endurait le blessé : « Il faut, dit-il, aller chercher une voiture, car je sens que j'ai la cuisse cassée. » Voyant l'affliction de ceux qui l'entouraient : « Eh ! Messieurs, ce n'est rien, ajoute-t-il, ce n'est qu'une jambe cassée et Bougon me la remettra bien ; mais pourtant quel dommage que ce ne soit pas sur un champ de bataille ! »

Le traitement fut long et pénible ; le courage de M. le Comte de Chambord supporta toutes les souffrances. Jamais la protection divine n'apparut avec plus d'éclat. Selon toutes prévisions, il devait périr et voilà qu'il sort sain et sauf de cette terrible épreuve. Pourquoi? Dieu seul le sait. En France, le bruit de la chute de Kirchberg fut bientôt répandu ; il fit éclater la douleur la plus vive parmi les royalistes, tandis qu'un homicide espoir se glissait dans les rangs de leurs ennemis. Des spéculateurs éhontés ne craignirent point de jouer à la hausse ou à la baisse sur un lit de mort !...

Passons rapidement sur ce spectacle qui dégoûte tout homme de cœur. Un an s'écoule, un cheval s'emporte sur la route la plus unie, un pavé se rencontre; c'en est fait : le duc d'Orléans est précipité hors de sa voiture, il est mourant, fracassé, il est mort. Henri V se lève de son lit de douleur pour aller prier pour le repos de l'âme de son infortuné parent. En même temps à Goritz, la fille de Louis XVI, le comte de Marnes (c'était le nom d'exil du duc d'Angoulême) et MADEMOISELLE s'approchaient de la table sainte et suppliaient Dieu de recevoir dans son sein le duc d'Orléans.

« A la nouvelle du triste événement dont vous me parlez, dans votre dernière lettre, *écrivait M. le Comte de Chambord*, ma première pensée a été de prier et de faire prier pour celui qui en a été la malheureuse victime. J'ai été plus favorablement traité l'année dernière, et j'en rends d'autant plus de grâces à la Providence, que j'espère qu'elle ne m'a conservé la vie que pour la rendre un jour utile à mon pays. Quel que soit le cours des événements, ils me trouveront toujours prêts à me dévouer à la France, et à tout sacrifier pour elle. »

Dès la fin de l'année 1842, sa santé lui permettait de reprendre le cours de ses studieuses pérégrinations ; il visitait la Saxe et le champ de bataille de Leipsick avec le général de Foissac-Latour. C'était le prélude d'un voyage bien plus important encore.

IX. — VOYAGE DE HENRI V A LONDRES.

Son voyage en Angleterre. Hommages qu'il y reçoit. Henri V à Londres ; pèlerinage de Belgrave-Square ; Chateaubriand ; la veuve bretonne ; une réception à Belgrave-Square ; les ouvriers ; le maître et le serviteur ; le sculpteur Flatters. Paroles de Henri V. Effet du voyage à Londres. Faute du gouvernement français (1841-1844).

Depuis longtemps, le Prince tournait sa

pensée vers cette Angleterre dont les manufactures, le commerce et l'industrie excitaient la curiosité de son esprit, avide de tout ce qui pouvait offrir un aliment à sa soif de recherches. Son but principal était d'étudier par lui-même les divers moyens qui pourraient le mieux concourir à adoucir le sort des classes ouvrières et laborieuses, car, après son aïeul Henri IV, personne ne s'est plus préoccupé de la position de l'humble habitant des villes et des campagnes que Henri V.

Après un court séjour en Prusse, notamment à Berlin, M. le Comte de Chambord s'embarqua à Hambourg. Le 6 octobre, il prenait terre à Hull, en Ecosse, et, après avoir revu le château d'Holy-Rood et tous les lieux où il avait passé son enfance, se dirigeait vers Londres. Chemin faisant, il visitait avec le plus grand soin les mines de houille, les fabriques de verres, de glaces, de draps, de boutons d'acier, de produits chimiques, les filatures de lin, les ateliers de coutellerie, les forges, les docks, les hôpitaux, les musées, les bibliothèques ; rien, en un mot, n'échappait à la pénétration de son esprit.

Partout, sur son passage, il recevait de vives marques de sympathie de la noblesse et du peuple anglais. Les plus grands seigneurs se disputaient l'honneur de le recevoir dans leurs somptueuses demeures. Mentionnons, entre autres, le magnifique accueil que lui firent lord Shrewsbury, le descendant des

Talbot, dans sa résidence d'Alton-Towers, le duc de Northumberland à Alnwick-Castle et le duc de Beaufort à Badmington.

Tous ces honneurs avaient peu de prise sur son âme; sa plus douce jouissance était de dérober aux plaisirs un temps qu'il ne voulait consacrer qu'à l'étude et à ses compatriotes. Il avait cru que quelques fidèles seuls passeraient le détroit et qu'il n'aurait qu'à se délasser dans leur commerce des laborieuses fatigues de la journée; il se trompait. Plus de deux mille Français, Chateaubriand à leur tête, vinrent le trouver dans son hôtel de Belgrave-Square. Le lendemain de son arrivée à Londres, cent vingt voyageurs se pressaient dans ses salons.

Le 29 novembre, il y eut une de ces scènes qui laissent dans l'âme de ceux qui en sont les témoins un souvenir ineffaçable. Tous les Français s'étaient réunis chez le vicomte de Chateaubriand et avaient chargé le duc de Fitz-James d'être l'organe de leurs sympathies auprès de l'illustre écrivain. Tout à coup la porte s'ouvre et un jeune homme paraît : c'est l'héritier de nos Rois : « J'ai appris, Messieurs, leur dit-il, que vous étiez réunis chez M. de Chateaubriand et j'ai voulu venir vous rendre votre visite. Je suis si heureux de me trouver au milieu des Français ! J'aime la France parce que c'est ma patrie, et je ne pense au trône de mes pères que pour la servir avec les sentiments et les principes que M. de Chateaubriand a si glorieusement proclamés, et qui ont eu dans le pays tant de bons défenseurs. » De vives acclamations répondirent à ces paroles sorties du cœur, qui donnaient de si vives espérances pour l'avenir. Le Prince vivement ému, s'écria : « Et moi, Messieurs, je crie : Vive la France! »

Les salons de Belgrave-Square ne désemplissaient pas de visiteurs. Parmi eux, se trouvaient des ouvriers et des commerçants, car alors nombre d'hommes portaient haut le culte de la fidélité. Il y eut dans la chaumière, de ces dévouements qu'on ne saurait trop apprécier au milieu d'un siècle égoïste.

Une pauvre veuve bretonne vivait avec son fils d'un modeste héritage qui suffisait à peine au soutien de leur vie. Le jeune homme entendit parler du Prince et se mit pour la première fois à regretter sa pauvreté, en voyant partir ceux de ses compatriotes qui, plus heureux que lui, pouvaient aller à Londres. La mère vit son chagrin et en devina la cause. Elle engagea son humble avoir et trouva ainsi la somme nécessaire pour faire le voyage. « Pars, mon enfant, dit-elle à son fils, dans quelques années, en nous privant de quelques douceurs, nous aurons payé notre dette et, toi, tu auras vu Henri de France et, à ton retour, tu m'auras dit tout ton bonheur pour m'en donner un peu. »

Pénétrez avec nous dans les salons de Belgrave-Square; d'abord point de gardes, ni d'étiquette, entrez sans crainte. Vous êtes dans une grande salle où sont réunis tous les visiteurs, vous causez avec tous ; on ne vous demande pas vos titres de noblesse, vous êtes Français, cela suffit. Les groupes se forment nombreux, animés ; l'un parle de l'accueil touchant que lui a fait le Prince ; l'autre des espérances qu'il donne pour l'avenir. Tout à coup la porte du salon s'ouvre ; silence : le voilà. Toutes les têtes se découvrent et vous voyez s'avancer un jeune homme si beau, le front tellement rayonnant du sceau de la prédestination que vous ne pouvez vous empêcher de dire : « C'est bien le petit-fils de saint Louis. » Telle est, en effet, l'espèce de fascination qu'il exerce sur tous ceux qui l'entourent qu'on ne peut y résister. Interrogez le moindre visiteur de Belgrave-Square ; pour tous, il a une parole aimable et un sourire bienveillant. « Quand je l'ai quitté, il m'a témoigné toute la bonté qu'un fils d'une si noble race puisse avoir, » disait un brave marchand tailleur de Toulouse, et il ajoutait : « Vraiment, je suis enchanté de lui. »

Quatre artisans vinrent de Paris en députation. Le Prince les accueillit avec tant de cordialité que ces braves gens en furent touchés jusqu'aux larmes. Combien d'autres, n'ayant pas les moyens d'aller à Londres, avaient voulu exprimer, dans une adresse remplie de plusieurs milliers de signatures, leurs sentiments respectueux pour l'héritier de nos Rois. Oh ! alors, comme il aurait voulu voir tous ces nobles cœurs et converser avec chacun d'eux. « Il nous a parlé comme un ami, mais, en l'écoutant, nous sentions bien qu'il était quelque chose de plus, » disaient les nombreux ouvriers qui avaient eu le bonheur de le voir.

Le Prince s'entretenait un jour avec un brave Breton ; en voyant sa physionomie si franche, en écoutant sa voix émue, il lui dit : « On m'a souvent présenté des conseils et j'en ai été heureux. Je le serais bien aussi de savoir ce que vous pourriez avoir à me dire... — Moi, Monseigneur, oh ! rien, rien... je n'oserais... Si... pourtant... Je veux dire à tous mes amis que je vous ai embrassé pour eux, et que vous m'avez chargé de le leur rendre !... » Et au même instant, le maître et le serviteur étaient dans les bras l'un de l'autre.

Peu importaient pour être admis devant lui les différences d'opinions ; aux yeux de M. le Comte de Chambord, il n'y avait que des Français. Un sculpteur célèbre, M. Flatters, qui se trouvait à Londres, au moment de son séjour, n'osait se présenter devant lui, parce qu'il s'était battu aux barricades de 1830 ; une personne, l'apercevant dans la foule qui se pressait autour du Prince, lorsqu'il sortait, lui témoigna son étonnement de ne l'avoir vu à aucune réception. « Je n'ai pas osé, répond l'artiste, je suis décoré de juillet. « Monseigneur, ayant eu connaissance de cette réponse, déclara qu'il voulait le voir : « Dites bien à M. Flatters que le Duc de Bordeaux était trop jeune en 1830 pour avoir aucun souvenir de ce qui s'est fait à cette époque. »

Toujours occupé du bien de son pays, il écoutait avec attention les hommes de toutes les classes et de tous les partis : « Je veux entendre tous les Français, je veux connaître la pensée de tous ; la vérité est à ce prix. » Il disait à un autre : « Si la Providence me fait asseoir sur le trône de mes pères, je ne voudrais être, ni le Roi d'une classe, ni le Roi d'un parti, je voudrais être le Roi de tous. » A ceux qui lui parlaient de leur dévouement, il répondait : « Le seul moyen de me prouver votre affection, c'est de servir la France. » Il développait par ces paroles ce qu'il avait déjà dit à Rome : « Tout pour la France et par la France. »

L'effet du voyage de Londres fut immense. C'était un fier démenti donné aux adversaires politiques du Prince qui le représentaient comme entiché d'idées absolutistes ; quel ne fut pas leur étonnement de l'entendre proclamer la consécration des libertés nationales et de voir l'auteur du *Génie du Christianisme* saluer, dans le jeune rejeton de Robert le Fort, le nouvel univers qui apparaissait à la France.

Tous ceux qui purent l'approcher purent répéter avec Chateaubriand : «Ce jeune Prince me confond et me charme ; il devine ce que je vais lui dire : il a les idées que je veux lui suggérer ; il est animé des sentiments que j'aurais pu lui inculquer. Je vais d'étonnement en étonnement, en découvrant qu'il sait ce que j'étais venu lui apprendre et qu'il veut tout ce qu'il doit vouloir. »

Le gouvernement de juillet fit une grave faute en attribuant une portée politique plus grande encore à ce voyage, en *flétrissant* tous les visiteurs de Belgrave-Square. Les cinq députés flétris, moralement exclus de la chambre, donnèrent leur démission et malgré les efforts des ministres furent tous réélus.

X. — FROHSDORF.

Maladie et mort du duc d'Angoulême ; Henri V, Chef de la Maison de Bourbon. Départ de Goritz. Frohsdorf ; un républicain et un journaliste français chez Henri V. Témoignage de Chateaubriand.

Cependant M. le Comte de Chambord avait été obligé de quitter l'Angleterre (janvier 1844), rappelé à Goritz par la santé chancelante de son oncle, le comte de Marnes. L'arrivée du jeune Prince, et les succès qu'il avait obtenus à Belgrave-Square, semblèrent ranimer l'auguste malade. Vain espoir, le 21 février, on était obligé de lui administrer les derniers sacrements. Le ciel toutefois voulut prolonger son agonie comme pour offrir au monde le spectacle d'une mort chrétienne et royale. Le duc d'Angoulême s'éteignit doucement le 3 juin 1844 ; la mort surprit sur ses lèvres une dernière prière pour son pays. Comme pour Charles X, le peuple de Goritz se porta en foule à ses funérailles :

« c'est plus qu'un Roi, disait-il, c'est un saint. » Il fut enterré auprès de son père, dans l'église du couvent des Franciscains de Goritz, ce Saint-Denis de l'exil.

A la mort de son oncle, M. le Comte de Chambord avait adressé aux cours de l'Europe la notification suivante :

« Devenu, par la mort de M. le Comte de Marnes, Chef de la Maison de Bourbon, je regarde comme un devoir de protester contre le changement qui a été introduit dans l'ordre légitime de succession à la couronne et de déclarer que je ne renoncerai jamais au droit que, d'après les anciennes lois françaises, je tiens de ma naissance.

« Ces droits sont liés à de grands devoirs qu'avec la grâce de Dieu je saurai remplir; toutefois je ne veux les exercer que lorsque, dans ma conviction, la Providence m'appellera à être véritablement utile à la France.

« Jusqu'à cette époque, mon intention, est de ne prendre, dans l'exil où je suis forcé de vivre, que le nom de Comte de Chambord; c'est celui que j'ai adopté en sortant de France; je désire le conserver dans mes relations avec les cours. »

Trop de souvenirs déchirants s'attachaient à Goritz pour que les illlustres exilés y séjournassent plus longtemps; ils le quittèrent pour aller s'établir à Frohsdorf (mai 1845). Goritz se souviendra longtemps de ses hôtes et de leur bienfaisance; aussi que de larmes, que de regrets accompagnèrent la Famille des Bourbons le jour du départ! il semblait que le bonheur s'éloignait sans retour de cette ville pour aller habiter d'autres contrées.

Frohsdorf est à quinze lieues de Vienne, avec laquelle il communique par le chemin de fer de Neustadt. Rien de plus simple que le château, ce n'est rien moins qu'un palais, c'est plutôt une modeste maison de campagne encadrée dans un bouquet de verdure. Frohsdorf est une oasis française au milieu de la terre étrangère. Interrogez tous les visiteurs du Prince et vous serez forcé de le reconnaître avec eux. Entrez, car la porte est ouverte à double battant et il n'y a point de gardes pour vous dérober l'approche du Roi. Vous êtes reçu avec affabilité par un de ces fidèles serviteurs, qui sont les courtisans de l'exil. On vous introduit dans un salon d'un goût très-simple, la porte se referme sur vous, vous êtes en présence du petit-fils de Henri IV, qui vous accueille avec la plus grande bonté et vous écoute avec la plus vive attention. Epanchez votre cœur sans crainte, votre Roi lui-même vous y invite. Il s'informe de tout ce qui peut vous toucher et provoque vos observations. Enfin la main de l'héritier de nos soixante monarques serre la vôtre et, avec un accent inexprimable, il prononce ces paroles, qui vous remplissent les yeux de larmes : « A revoir en France ! »

Ecoutons plutôt un républicain, Charles Didier, venu à Frohsdorf dans un simple but de curiosité : « J'allai droit au but et voici textuellement, autant que ma mémoire me la rappelle, la première phrase sérieuse que j'adressai : « Monseigneur, lui dis-je, j'ignore, et Dieu seul peut savoir quelles destinées vous sont réservées dans l'avenir ; mais si vous avez une chance de régner quelque jour en France, ce que, pour mon compte, je ne désire pas, cette chance la voici : Que, par impossible, la France, épuisée par ses expériences, à bout de ressources, ne trouve pas dans le pouvoir électif la stabilité qu'elle poursuit ; que le découragement, les mécomptes, retournent à jamais ses pensées vers le principe héréditaire, comme base plus fixe de l'autorité, vous représentez ce principe, et, dans ce cas, c'est la France elle-même qui viendrait vous chercher. Jusquelà, je ne vois pour vous qu'une chose à faire : attendre les événements. » M. le Duc de Bordeaux m'avait écouté avec attention ; à mesure que je parlais, sa physionomie se détendait visiblement : la glace du début était brisée. Il me répondit sans hésitation que je venais de traduire sa pensée ; qu'il n'entreprendrait jamais rien contre les pouvoirs établis, ne voulait prendre aucune initiative et n'avait aucune ambition personnelle ; qu'il se considérait en effet comme le principe de l'ordre et de la stabilité ; qu'il entendait maintenir ce principe intact, ne fût-ce que pour le repos futur de la France ; que ce principe était toute sa force, qu'il n'en avait pas d'autre ; qu'il en aurait toujours assez pour remplir son devoir, quel qu'il fût, et que Dieu lui viendrait en aide. « Si je rentre jamais en France, ajouta-t-il,

ce ne sera que pour y faire de la conciliation et je crois que moi seul en peux faire. »
Ch. Didier dit plus loin, toujours en parlant du Prince : « Tout en lui décèle une grande droiture de cœur et d'esprit, un vif sentiment du devoir et de la justice, uni à l'amour du bien....... Son œil d'un bleu limpide et à la fois vif et doux, écoute bien, interroge beaucoup ; il regarde si droit et si fixe que je considère comme impossible de lui mentir en face. Quant à lui, il suffit de le voir pour demeurer convaincu de sa véracité. »

Ainsi les ennemis mêmes de M. le Comte de Chambord ne pouvaient s'empêcher de rendre justice à ses éminentes qualités. Le même écrivain, que nous avons cité, nous le montre ouvert à toutes les questions du jour et aux théories industrielles. On pourrait croire que, vivant loin de la France, il n'en connaît ni les besoins, ni la situation. Erreur, nul ne possède plus à fond l'esprit et les intérêts de son pays ; tous les visiteurs de Frohsdorf sont unanimes sur ce point. Laissons ici parler M. Albert Wolff, un des rédacteurs du *Figaro* :
« A Frohsdorf comme partout ailleurs, on parle beaucoup de Paris et de la province, un peu de l'opéra et de la chasse, par-ci, par-là des journaux — c'est une attention de M. le Comte de Chambord pour les journalistes présents ; — la conversation fait les soubresauts ordinaires de l'opéra de Vienne au boulevard ; et le visiteur, qui a pensé un instant qu'on pourrait lui parler de 1829, est agréa-

blement surpris en entendant M. le Comte de Chambord parler comme s'il avait quitté les Champs-Elysées avant-hier. C'est un vrai Parisien, aussi bien au courant de la vie parisienne que vous et moi; les revues, les journaux et les visiteurs, qui affluent au château, apportent la chronique imprimée à la chronique parlée. »

Cet amour si vif, que conserva toujours le petit-fils de saint Louis pour la France, redoublait sa générosité envers les malheureux. Que d'infortunes n'a-t-il pas soulagées dont on ne saura jamais le nombre : c'était bien de lui que l'on pouvait dire, selon le mot de l'Evangile, que la main gauche ignorait ce qu'avait donné la droite. Apprend-il que des inondations ont causé de grands ravages dans son pays ? il s'empresse d'envoyer six mille francs et provoque la générosité de ses amis. Le département de Loir-et-Cher est dévasté par de violents orages, il fait un don de trois mille francs; à la nouvelle du terrible tremblement de terre de la Guadeloupe, il en envoie cinq mille aux victimes du désastre.

Au milieu de l'année 1846, accompagné du général Tulon, un vétéran de la grande armée, il examinait les champs de bataille de Castiglione, de Rivoli et d'Arcole, parcourait la Haute-Italie et s'arrêtait à Venise. Il y fut rejoint par Chateaubriand; c'était l'adieu suprême avant la tombe; la vue de son Roi qu'il avait visité à Belgrave-Square l'impressionna tellement qu'il s'écria : « Quel Prince et quel homme ! Il est trop capable pour rester en chemin..... Dieu semble l'avoir taillé pour la Royauté, mais il est bien décidé à ne jamais devenir une difficulté de plus pour sa patrie ; il a l'héroïsme de la patience. »

XI. — MARIAGE DE HENRI V.

Mariage de Louise de France. Mariage du Prince. Sa charité ; sa bienfaisance : les ateliers de Chambord. (1845-1848.)

Une journée de bonheur allait luire pour les Exilés. Le 10 novembre 1845, Louise de France épousait le prince héréditaire de Lucques ; douze mille francs envoyés aux pauvres de Paris leur apprirent à bénir la fille des Rois. Quelques nuages de tristesse voilèrent l'éclat de cette fête. M. le Comte de Chambord se séparait de sa sœur. Louise, toujours inquiète du sort de son frère, pensait, elle aussi, à ces années qu'il avait passées en exil et à l'avenir sombre et menaçant qui lui était réservé. Touchante amitié qui s'était fortifiée sur la terre étrangère et qui avait grandi par le malheur !

Un an après, Monseigneur unissait sa destinée au sang de la grande Impératrice Marie-Thérèse. Le 16 novembre 1846, il épousait l'archiduchesse d'Autriche, Marie-Thérèse-Béatrix-Gaëtane d'Este.

Ce fut le 5 novembre 1846, que le duc de Lévis fit au nom de M. le Comte de Chambord au Duc de Modène, François V, la demande de la Princesse. Le 7 eut lieu le mariage par procuration. Le lendemain, Mme la Comtesse de Chambord quittait Modène.

Le 15 novembre, elle arrivait à Brück, petite ville de Styrie, à une journée de Frohsdorf. Monseigneur l'y attendait depuis la veille. Il était accompagné de la Famille royale de France, de l'archiduc Maximilien et de plusieurs autres princes de la Maison d'Autriche.

L'entrevue fut touchante. Comme Frohsdorf était encore assez éloigné et qu'on n'y pouvait arriver que fort tard, on décida que le mariage aurait lieu le lendemain même à Brück. Rien n'avait été prévu pour les préparatifs de la cérémonie; mais la fête, pour être improvisée, n'en fut que plus belle.

A neuf heures, un banquet, auquel furent invités tous les Français présents dans la ville et aux environs, suivit la cérémonie. La nouvelle Reine se montra pleine de bonté pour eux, ses paroles bienveillantes lui concilièrent l'estime de tous.

A midi, la Famille royale se dirigeait vers Frohsdorf. Les habitants étaient sur pied. La veille, le curé du village les avait invités à prier pour la prospérité du mariage qu'allait contracter M. le Comte de Chambord. Le lendemain, au matin, les paroisses des environs emplissaient la modeste église. Malgré la saison déjà avancée, on avait élevé de magnifiques arcs de triomphe, dont la verdure semblait être une anticipation sur le printemps prochain et formait un contraste piquant avec les rigueurs de l'hiver ; on y avait arboré le noble écusson de France qui a, tant de fois, fait pâlir l'étranger. Ce ne fut pas sans un sentiment profond de reconnaissance que les deux époux parvinrent à traverser les rangs de la foule, accourue pour leur témoigner combien elle était heureuse de leur bonheur.

Un bienfait apprit cet événement à la France.

« Monsieur le marquis de Pastoret,

« Je désire qu'à l'occasion de mon mariage, les pauvres aient part à la joie que m'inspire cette nouvelle preuve de la protection du ciel sur ma famille et sur moi et il me paraît que ceux de Paris ont un droit particulier à mon intérêt, car je n'oublie pas que c'est dans cette ville que je suis né et que j'ai passé les premières années de ma vie. Je m'empresse, en conséquence, de vous annoncer que je mets à votre disposition une somme de vingt mille francs que je vous charge de distribuer. Je n'ai qu'un regret, c'est de ne pouvoir pas donner davantage. Quant je pense surtout à la misère qui règne en ce moment et dont l'hiver qui s'approche ne peut qu'augmenter encore les rigueurs, je voudrais avoir des trésors à répandre pour soulager tant de souffrances. Je suis sûr que mes amis sentiront comme moi la nécessité de s'imposer de nouveaux sacrifices et de rendre leurs aumônes plus abondantes que jamais. Ils ne peuvent rien faire qui me soit plus agréable. »

Ces paroles du royal banni excitèrent la générosité des royalistes qui soulagèrent plus d'une famille pauvre. En même temps, Mme la Comtesse de Chambord envoyait 10,000 francs aux inondés de la Loire et associant la religion à ses bienfaits, donnait 3,000 francs à l'œuvre de la Propagation de la foi ; 16,000 autres soulagèrent l'indigence des vieux serviteurs de la Maison de Bourbon.

Une seconde lettre du petit-fils de saint Louis annonça bientôt d'autres secours, un don de 40,000 francs ; c'était une noble manière d'envoyer à la France un billet de faire-part du bonheur d'un de ses enfants.

Ce n'était pas trop de toute la générosité du Fils de France et de ses amis, pour soulager toutes les misères qui se faisaient jour alors à l'approche de la révolution de février. Tantôt c'étaient des inondations, qui ravageaient plusieurs départements, tantôt un hiver d'une rigueur extraordinaire, tantôt la disette amenée par une sécheresse excessive. Le zèle du Prince se multiplia. Chambord, par ses ordres, devint le rendez-vous des malheureux ; de vastes ateliers furent organisés dans les bois qui en dépendent. Quant aux femmes, aux vieillards et aux enfants incapables de travailler, une somme, dont l'envoi se renouvelait chaque semaine, pourvoyait à leurs plus pressants besoins.

La charité inépuisable du Proscrit s'étendit également sur les cantons de la Haute-Marne. Les fonctionnaires publics ne purent s'empêcher d'en témoigner leur gratitude.

XI — VOYAGE D'ÉMS.

Révolution de 1848. Henri V à Ems ; la paire de pistolets ; le fuchsia. Les ouvriers à Henri V ; il converse avec eux ; son émotion. Sa lettre aux ouvriers (1848-1849).

L'horizon s'assombrissait en France et toute l'Europe était dans l'attente d'un terrible événement. La foudre éclata, pulvérisant le trône de juillet. Trois journées d'insurrection, comme en 1830, et, de plus, une régence offerte et refusée, une abdication, une fuite! O Providence, ce sont là de vos coups!

M. le Comte de Chambord, quoique relégué dans l'exil par l'avénement de Louis-Philippe, ne put voir d'un œil sec toute cette famille tomber à l'improviste du faîte des grandeurs et être condamnée à vivre sur le sol étranger. Il compatit aux tortures morales de Marie-Amélie, de la duchesse d'Orléans, et à l'infortune de ses enfants, innocents des fautes de leur aïeul, emportés par l'ouragan révolutionnaire.

Quelques mois plus tard, le socialisme enfantait les sanglantes journées de juin, où périrent, pour la défense de l'ordre, des amis de la légitimité, tandis que le désordre et l'anarchie, créés par l'incurie républicaine, laissaient la France en proie aux dissensions des partis. Que de malheurs, que de ruines, le Prince ne déplorait-il pas! Et pour comble, le pèlerin de l'exil, Chateau-

briand mourait. Celui dont la voix coura-
geuse disait à la duchesse de Berry, en parlant du Duc de Bordeaux : « *Madame, votre
Fils est mon Roi.* » n'était plus, il reposait
sur les rochers de Saint-Malo, à la garde d:
l'Océan.

Le petit-fils de Henri IV sentit que le moment était venu de se rapprocher de la
France. Il importait, au milieu des dissensions des partis, de tracer aux royalistes une
ligne de conduite politique. Le 18 août 1849,
il était à Ems ; de nombreux visiteurs l'y attendaient. Ems paraissait une ville toute française transplantée du sol natal en terre ger-
manique, tant était grand le nombre des
arrivants.

Ce qui le toucha le plus, ce fut la démarche
des délégués des ouvriers de Paris, qui n'a-
vaient point reculé devant un voyage si coû-
teux.

Un homme dévoué à la cause de l'honneur, M. Jeanne, avait depuis longtemps
résolu de donner un démenti formel aux
calomnies qu'on ne cessait de prodiguer sur
compte de l'héritier de nos Rois. Il entreprit
d'ouvrir une souscription pour offrir à M. le
Comte de Chambord une magnifique paire
de pistolets. Malgré des obstacles sans nombre, il réalisa son projet et vint lui-même en
faire hommage au Prince, à la tête d'une
députation d'ouvriers. Avant de quitter Paris, il eut une de ces inspirations délicates,
qui sont sans prix aux yeux du petit-fils de

saint Louis. Il se rendit aux Tuileries et là, grâce à l'inattention des gardiens, il enleva un beau fuchsia couvert de fleurs, avec la terre qui l'entourait, et le déposa dans une caisse, en prenant toutes les précautions imaginables pour lui conserver sa fraîcheur et sa beauté. Mais au départ, surgit une difficulté : on ne veut pas recevoir la plante. « On ne peut, disent les employés du chemin de fer, introduire dans un wagon de voyageurs une caisse aussi volumineuse » , les ouvriers déclarent nettement qu'ils ne se sépareront pas de leur fuchsia, qu'on les mettra plutôt aux bagages avec lui et enfin emportent victorieusement la fleur dans leur compartiment. Que de soins ne prit-on pas, pour qu'elle parvînt à Ems dans tout son éclat ! Non content de l'arroser fréquemment, on la tenait tout le jour sur ses genoux comme un trésor dont on est avare ; elle arriva aussi fraîche, aussi belle que si elle n'avait jamais quitté sa plate-bande.

S. A. R. fut touchée jusqu'aux larmes d'une telle marque d'affection. Mme la Comtesse de Chambord, dont l'âme est si française, ne put cacher sa satisfaction, fit passer la fleur de sa chambre sur la table du dîner et, de là au salon, afin que tous pussent jouir de son bonheur et voir le prix qu'elle y attachait.

..La fameuse paire de pistolets attira l'attention de Monseigneur surtout, lorsque, jetant les yeux sur l'album où étaient réunies les listes de souscription, il y lut ces mots :

Les ouvriers au Comte de Chambord.

« Des ouvriers de tous les états prient M. le Comte de Chambord de vouloir bien accepter un témoignage de leur respect, de leur dévouement, de leur reconnaissance pour tant de bienfaits répandus sur des misères françaises, du sein de son exil. Au Prince dont Paris fut le berceau, ils offrent un tribut de cette industrie parisienne si noblement protégée par la Royauté légitime et si cruellement frappée par les révolutions Que M. le Comte de Chambord daigne jeter les yeux sur ces listes de souscripteurs ; il jugera si le grand principe de la légitimité est le privilége exclusif d'une caste comme voudraient le faire croire des hommes intéressés à égarer l'opinion, il verra que dans bien des mansardes de nos cités, comme dans bien des chaumières de nos campagnes, son nom est la consolation du présent, l'espérance de l'avenir.

« Ces ouvriers que n'ont pu séduire des théories menteuses et qui n'a pu tromper la calomnie, savent tout ce qu'il y a de haute intelligence, de véritable amour du peuple chez le digne petit-fils de saint Louis et de Henri IV. Ils savent qu'avec lui seul le travail doit renaître, la France doit retrouver la paix solide, la splendeur, la prospérité, ils désireraient du fond du cœur porter eux-mêmes leur offrande à M. le Comte de Chambord ; mais ils n'ont pas les moyens d'aller à lui, puisse-t-il bientôt venir à eux ! »

« Qu'il me serait doux, s'écria le Prince, de contribuer au bien-être de si braves gens et de leur prouver ma reconnaissance ! »
Pendant tout le séjour des ouvriers à Ems, il leur témoigna le plus vif intérêt. Il aimait à s'entretenir souvent avec eux. « Me voici en France, » s'écriait-il et il les écoutait avec la plus grande attention. « Quand le bâti-

ment ne va pas, disait M. Oudin, maître maçon, rien ne va, car c'est signe qu'il n'y a pas de confiance, et tous les états souffrent à la fois. C'est pourquoi nous désirons tant, nous autres, que les affaires reprennent. » — « Je le souhaite aussi bien vivement, répondit son royal interlocuteur, et je voudrais que cela dépendît de moi. » — « Si j'ai bonne mémoire, reprit M. Oudin, ça allait bien sous vos parents et je suis sûr que ça irait au moins aussi bien à votre retour. Croyez donc que, si on vous demande, ce n'est pas seulement pour vous, mais pour nous ! » Le Prince lui répondit par un affectueux serrement de main.

Lorsque ces braves gens se furent retirés, M. le Comte de Chambord, resté seul avec M. de La Rochejacquelein, s'écria : « Je me suis contenu tant qu'ils étaient là ; mais maintenant, je ne puis y tenir, » et son âme se peignait tout entière dans ses yeux humides de larmes Quelques instants après M. de La Rochejaquelein rencontre les délégués des ouvriers. « Il faut que je vous rende, leur dit-il, les embrassements que j'ai reçus pour vous. »

A leur départ, le petit-fils de saint Louis leur donna un nouveau témoignage de satisfaction, en leur adressant la lettre suivante :

« C'est avec l'émotion la plus vive que j'ai reçu l'hommage, qui m'a été offert par des ouvriers de tous les états de la ville de Paris. J'ai été profondément touché de voir leurs délégués venir me voir sur la terre étrangère et je les charge d'être auprès de tous leurs camarades les interprètes de ma gratitude et de mon affection. Apprendre que mon nom est prononcé avec sympathie dans mon pays, dans ma ville natale, c'est la plus douce consolation que je puisse recevoir dans mon exil.

En parcourant les listes nombreuses qui m'ont été apportées, j'ai été heureux et fier de compter tant d'amis dans les classes laborieuses. Etudiant sans cesse les moyens de leur être utile, je connais leurs besoins, leurs souffrances, et mon regret le plus grand est que mon éloignement de la patrie me prive du bonheur de leur venir en aide et d'améliorer leur sort. Mais un jour viendra où il me sera donné de servir la France et de mériter son amour et sa confiance. »

Ces mêmes scènes se renouvelèrent Wies-baden, lors du séjour du Prince en août 1850.

XII. — WIESBADEN.

Voyage de Wiesbaden : le tapis ; nouvelle députation des ouvriers ; leur témoignage ; *c'est le cœur que je regarde; Vive le Roi!* M. de Salvandy. Henri V prend le deuil à la mort de Louis Philippe. Son retour à Frohsdorf. (1850.)

La ville fut bientôt encombrée de visiteurs ; nobles, commerçants, ouvriers, se coudoyaient dans les salons. On y voyait entre autres trente-cinq représentants du peuple.

La réception du 12 août fut une des plus nombreuses. En entrant dans la salle d'honneur, les yeux des assistants se fixaient sur un magnifique tapis. C'était l'hommage d'un noble cœur breton, M. Lemoine. « Je connais, lui dit S. A. R., les sentiments d'atta-

chement et de dévouement qu'à pour moi
votre bonne famille. Je ne puis oublier de
semblables amis. Remerciez pour moi votre
bon père. » Le duc de Lévis veut faire remarquer à Monseigneur la richesse de l'exé-
cution et le fini du travail. « Oh ! dit en souriant l'héritier de nos Rois, vous arrivez trop
tard... J'ai fort bien vu toutes ces beautés. »
Et montrant l'écusson de Modène, il ajoute
en s'adressant à M. Lemoine, « mon ami,
vous avez songé à la Comtesse de Chambord,
et je vous remercie de votre bonne pensée. »

A Wiesbaden, comme à Ems, une députation d'ouvriers vint voir le Prince. Dire l'accueil qui leur fut ménagé est impossible.
Laissons-les parler eux-mêmes : « Une heure
après notre arrivée à Wiesbaden, nous étions
chez M. le Comte de Chambord. Nous n'é-
tions plus bruyants, comme pendant notre
voyage ; l'attente nous rendait silencieux ;
chacun de nous sentait son cœur battre
comme à la veille d'un grand événement. On
nous fit monter dans un salon au premier ;
nous nous rangeâmes autour de cette vaste
pièce. A peine avions-nous pris place que le
Prince entra. Ce fut un beau moment. Quelle
figure ! quels yeux ! mais surtout quelle bonté!
Il vint rapidement se placer au milieu de la
salle. « Soyez les bienvenus, mes amis, nous
dit-il ; approchez bien près de moi. » Nous
nous approchâmes, mais le respect nous tenait à quelque distance encore. « Plus près,
s'écria-t-il, plus près encore, je veux me

sentir serré par des Français. » Nous l'entourâmes cette fois de si près, que nous ne lui laissions que la place de son corps. Ses mains vigoureuses serraient nos mains, ses yeux pleins de tendresse étaient attachés sur nous ; il nous remerciait d'être venus de si loin. Nous ne pouvions parler, les larmes nous suffoquaient. »

Un de ces ouvriers s'obstinait à se cacher derrière les autres ; Henri de France s'en aperçoit, va droit à lui et lui demande pourquoi il se tient à l'écart. « Monseigneur, dit l'artisan, veuillez m'excuser, j'ai perdu ma malle au chemin de fer ; je ne suis pas mis décemment pour me présenter à vous ; mais ne pouvant résister au bonheur de vous voir, je suis venu, espérant me dérober à votre attention.. — Ah ! mon ami, venez donc ! dit le Prince en lui tendant la main, que me fait votre habit ? C'est le cœur que je regarde. »

Un des épisodes les plus intéressants du voyage de Wiesbaden fut l'arrivée des ouvriers et paysans bretons dont la fidélité avait fait les plus grands sacrifices pour saluer leur Roi. Quand ils entrèrent dans la ville, un officier de la maison de M. le Comte de Chambord crut devoir leur recommander au nom de l'hospitalité généreuse du Duc de Nassau, de ne se livrer à aucune manifestation et surtout d'éviter les cris de *Vive le Roi !* A peine avait-il fini de parler qu'un immense cri de *Vive le Roi !* saluait ses conseils. On leur reprocha en riant cette désobéissance : « Pardonnez, dirent-ils, notre faute a été involontaire; il y a si longtemps que ce cri est comprimé dans nos cœurs qu'il avait besoin de sortir de nos poitrines ; il nous étouffait. » Admis en présence du Prince, l'un d'eux lui dit avec une rudesse toute morbihannaise : « Monseigneur, on n'est pas content de vous au pays. — Pourquoi ? demande avec étonnement S. A. R. — Pourquoi ! parce que vous devriez être en France. » — « Savez-vous, Monseigneur, lui disait un autre en s'inclinant, que pour ne pas crier : *Vive le Roi !* quand on vous voit, il faut être bien obéissant. »

M. de Salvandy attira surtout les regards. La présence de cet ancien ministre de Louis-Philippe à Wiesbaden semblait indiquer comme définitif le rapprochement entre les deux Branches de la Maison de Bourbon. Le fils de nos Rois lui réserva un accueil si flatteur que cet ancien serviteur du gouvernement de juillet ne put s'empêcher de dire : « Quand on a vu le Prince, quand on l'a entendu développer les nobles idées qui l'animent, on ne peut qu'être plein de confiance dans l'avenir. »

Le 29 août, arriva la nouvelle de la mort de Louis-Philippe. M. le Comte de Chambord commanda immédiatement un service funèbre auquel assistèrent tous les Français présents à Wiesbaden. On était ému de le voir prier pour celui qui lui avait enlevé le trône de ses pères, pardonner au vieillard qui lui aussi mourait sur la terre d'exil.

Le surlendemain, le Chef de la Maison de Bourbon rentrait dans la solitude de Frohsdorf. Il devait y voir se dérouler devant lui la longue succession d'actes émanés d'une politique anti-française qui devait crouler dans des flots de sang.

XIII. — HENRI V PENDANT L'EMPIRE

Voyage de Henri V en Hollande, en Orient, en Grèce Voyages divers; Lucerne. Réconciliation et rupture des princes d'Orléans. Tracasseries impériales. Mort des duchesses d'Angoulême, de Parme et de Berry. Venise. Amour de Henri V et de la Reine pour la France. Leur charité, leur générosité. Henri V paye les dettes de sa mère. Il est au courant de tout. Sa correspondance. Un témoignage de *Paris-Journal*. (1852-1870).

Une nouvelle période de la vie du Prince s'ouvre devant nous, période de calme, de profond recueillement auquel il est réduit par la nouvelle situation qui lui est faite. Nous le voyons utiliser des loisirs forcés par ses voyages et l'étude approfondie des événements.

En 1860, lors de la funeste guerre déclarée à l'Autriche, M. le Comte de Chambord ne voulut pas rester dans un pays en lutte avec sa patrie, et l'Europe dut être émue de voir le petit-fils de Louis XIV s'exiler du lieu même de son exil et se réfugier en Hollande où il attendit la fin de la guerre.

En 1861, il parcourut la Turquie, la Palestine, la Syrie et la Haute-Egypte. Beau et noble spectacle que le petit-fils des croisés foulant le sol illustré par la vaillante épée de Philippe-Auguste et de saint Louis ! Nous ne doutons pas qu'au pied du tombeau du Christ, il se soit fortifié dans ces sentiments d'une politique chrétienne qui semble une inspiration divine.

Une contrée qui devait plaire au noble exilé c'était la Grèce. On sait que c'est à la Royauté légitime que la patrie de Thémistocle est redevable du bienfait de sa liberté, et proclamons-le bien haut, la reconnaissance est la première vertu des descendants de Léonidas et de Miltiade. Que d'acclamations, que de joyeux vivats quand le petit-fils de Charles X y vient en 1868! Les vieux soldats de la guerre d'indépendance s'empressaient de faire le cortége d'honneur au descendant du Roi qui rendit la Grèce libre et ouvrit à l'Orient un nouvel avenir.

Il ne put résister aussi à l'attrait qui l'entraînait vers la France. En 1858 à Francfort et à Cologne, en 1862 à Zurich et à Lucerne et plus tard à Genève, il reçoit ceux de ses serviteurs dont la fidélité avait résisté au temps. Qu'on ne croie pas pourtant que la fidélité n'eût plus aucun prestige ; grâce à Dieu, la foule des visiteurs était encore grande, plus grande que ne voulaient bien le supposer les rédacteurs des journaux napoléoniens ou libéraux. L'affluence des voyageurs pour Lucerne fut telle qu'à Paris, la gare du chemin de fer de Lyon en fut encombrée ; les employés chargés du soin des bagages à chaque nouveau colis ne manquaient pas de demander d'un ton convaincu aux personnes : « Lucerne, Monsieur ? » et sûrs de la réponse, ils collaient d'avance la marque sur les malles ou les caisses.

Il y eut de ces dévouements qu'on ne saurait trop louer, d'autant qu'ils sont de plus en plus rares. Un pauvre laboureur du midi avait depuis longtemps formé le désir de voir Henri V. Déjà il avait mis de côté bon nombre de pièces d'argent, lorsqu'il tomba malade. Sur le point de mourir, il appelle sa fille, lui fait promettre d'aller trouver le Prince et de lui raconter le dévouement de son père. Voilà donc la jeune femme à l'œuvre, économisant quelques pièces blanches par ses veilles prolongées ; les années se passent, elle se marie et fait si bien qu'elle et son époux peuvent se rendre à Lucerne visiter le petit-fils de saint Louis qui eut peine à cacher son émotion en voyant que sous le chaume son nom était prononcé avec tant d'amour.

Depuis longtemps, le Chef de la Maison de Bourbon avait fait appel aux idées de conciliation et avait indiqué l'union des partis sur le terrain monarchique comme gage de l'avenir. Cet espoir sembla se réaliser. Louis-Philippe, à son lit de mort, avait engagé ses enfants à se réconcilier avec le principe de

légitimité. Les princes d'Orléans suivirent
les conseils de leur père. Dans l'automne de
1853, M. le duc de Nemours se rendit à
Frohsdorf, et, en abordant son cousin, fit
cette solennelle déclaration : qu'il venait en
son nom et au nom de ses frères, assurer à
M. le Comte de Chambord qu'ils ne recon-
naissaient qu'une seule monarchie, représen-
tée par un seul trône royal, celui de l'aîné de
leur race.

Malheureusement, quelques années plus
tard, les princes crurent devoir revenir sur
leur détermination. M. le duc de Nemours
fut chargé par eux d'insister auprès de M. le
Comte de Chambord pour qu'il se déclarât en
faveur du drapeau tricolore, du gouvernement constitutionnel et du concours exclusif
de la France pour le rétablissement de la monarchie. Monseigneur était à Venise ; voici
comme il répondit à ces ouvertures, le 5 février 1857 :

Mon cousin,

...Je n'ai pas douté de votre dévouement aux principes monarchiques; personne ne peut mettre en
question mon attachement à la France, mon respect
de sa gloire, mon désir de sa grandeur et de sa liberté. Ma sympathique reconnaissance est acquise à
ce qui s'est fait par elle, à toutes les époques, de bon,
d'utile et de grand. Ainsi que je n'ai cessé de lui dire,
j'ai toujours cru et je crois toujours à l'inopportunité
de régler, dès aujourd'hui, et avant le moment où la
Providence nous en imposerait le devoir, des questions que résoudront les intérêts et les vœux de notre
patrie. Ce n'est pas loin de la France et sans la

France qu'on peut disposer d'elle. Je n'en conserve pas moins ma conviction profonde que c'est dans l'union de notre Maison et dans les efforts communs de tous les défenseurs des institutions monarchiques que la France trouvera un jour son salut. Les plus douloureuses épreuves n'ébranleront pas ma foi. »

Il semblait que pour l'exilé, il ne dût luire un seul jour de bonheur. En France, une politique tracassière tendait tous les jours à l'isoler du sol qu'avaient conquis ses ancêtres et qu'ils avaient rougi de leur sang. Sous le gouvernement de juillet, l'Etat avait fait tous ses efforts pour s'emparer de Chambord, tant on craignait qu'il y eût un contact entre la France et son Souverain légitime. Nombre de procès furent intentés, tous échouèrent; en 1854, le gouvernement impérial, fit un dernier effort aussi infructueux que les précédents. Il se rejeta d'un autre côté.

En 1866, le Prince ayant publié une lettre qui infligeait un blâme à la politique napoléonienne et semblait être un avertissement prophétique pour l'avenir, la police fit décacheter toutes les lettres. C'était une insulte adressée à la liberté individuelle, la presse s'en émut et le scandale en rejaillit sur le pouvoir. Pourtant, il eût été de son intérêt de peser toutes les paroles du royal écrivain, elles eussent épargné à la France bien des ruines et bien du sang.

La mort vint plus d'une fois faire une douloureuse diversion aux amertumes de l'exil. Comme vingt ans marquent dans la vie d'un homme! Comptez les deuils depuis 1850 à

1870. En 1850, le culte de la Royauté était
encore bien vivace ; quelque temps s'écoule
et il n'en reste plus qu'un souvenir fugitif,
comme si on s'éveillait d'un pénible rêve.
Morts de Latour-Maubourg, de Lévis, Cauchy, Berryer, Trébuquet, Nettement, de
Riancey et tant d'autres dont le nom nous
échappe. Mortes, enfin, la fille de Louis XVI,
la duchesse de Parme et la duchesse de
Berry. Arrêtons-nous un peu devant ces
figures royales ; il est des douleurs qu'il est
bon d'évoquer et de mettre en regard de l'ingratitude humaine.

La vie de la duchesse d'Angoulême, depuis
le berceau jusqu'à la tombe, n'a été semée
que de malheurs. Dans son jeune âge, elle
avait pu entendre, du fond de sa prison, les
cris de la hideuse populace révolutionnaire,
qui lui annonçaient la mort de son père, de sa
mère et de sa tante. Elle dut par trois fois
prendre la route de l'exil ; elle devait y mourir après avoir fermé les yeux au Roi
Charles X et à son auguste époux, le duc
d'Angoulême. Triste destinée devant laquelle
se taisent les partis ! Femme incomparable
dont la douleur, a dit Chateaubriand, est
montée si haut qu'elle est une des gloires de
la France ! Ce fut le 17 octobre 1851 qu'elle
mourut à Frohsdorf.

Monseigneur et sa sœur s'étaient à peine
consolés de cette perte douloureuse qu'un
nouveau malheur venait les accabler. Le Duc
de Parme tombait sous les coups d'un assas-

sin.. La révolution avait juré la perte des Bourbons ; ses sicaires les poursuivaient partout, tant la vue d'un rejeton de la grande race leur était odieuse, parce que sa Royauté s'appuyait sur l'amour de ses sujets et le respect de la religion. Quand M. le Comte de Chambord vint à Parme, il trouva la situation bien changée. Devenue régente, la Duchesse avait puisé dans son malheur une force surhumaine ; ses réformes furent si habiles, sa conduite sut si bien gagner l'amour de son peuple que son frère lui-même ne put cacher son admiration. Oh ! alors que de doux rêves pour sa sœur chérie et comme il aimait à en tirer des présages consolants pour l'avenir !

Six ans se passent : Napoléon et Victor-Emmanuel envahissent Parme contre le droit des gens ; peu après l'infamie révolutionnaire couronne ses forfaits, en violant la neutralité des Etats du Pape et en chassant par la trahison le dernier Bourbon de son dernier asile, pour qu'il fût dit qu'il ne restait sur le trône aucun représentant royal de cette Maison de France qui, pendant quatorze cents ans, a guidé nos destinées et celle de l'Europe. Quel triste spectacle !

Après les événements de 1860, la Duchesse de Parme se retira au château de Warteg, sur les bords du lac de Constance. Elle consacrait ses journées à l'éducation de ses enfants et au soulagement des pauvres. « Depuis que Mme la Duchesse de Parme réside à Warteg, disait l'évêque de Saint-Gall, je remarque une notable amélioration dans mon diocèse, ses vertus sont comme un parfum qui purifie l'atmosphère. » Monseigneur venait souvent la visiter dans sa retraite et elle se plaisait, chaque année, à passer quelques jours près de lui à Venise. C'est dans cette ville, que cette princesse de tant de cœur et d'intelligence s'éteignit doucement dans les bras de son frère. Comme dernier gage de son amitié, elle lui léguait le soin de ses enfants ; il s'acquitta dignement de cette noble tâche (1er février 1864).

La duchesse de Berry était arrivée trop tard pour recevoir le dernier soupir de sa fille bien-aimée. Elle-même ne devait pas tarder à la suivre dans la tombe. Le 17 avril 1870, elle expirait dans son château de Brunsée. Elle mourut sans avoir vu se lever le jour de la justice, laissant son fils en exil, elle qui avait espéré pour lui le premier trône du monde, et qui avait combattu avec tant de courage en 1832 pour le triomphe de ses droits héréditaires !

A part ces événements, durant tout l'empire, rien ne vint troubler la monotonie de l'exil, que la visite de quelque serviteur fidèle ; Monseigneur ne quittait guère Frohsdorf, que pour passer une partie de l'hiver à Venise, au palais Cavalli.

Il ne cessa d'habiter cette ville qu'en 1866. Les habitants avaient conçu pour lui une véritable estime, ils le virent s'éloigner avec regret. Plus d'une fois, des milliers de signatures le pressèrent d'y rentrer, mais il réfusa de résider sur une terre infectée par l'usurpation. Chaque année, il allait aussi à Brunsée, résidence de son auguste mère, ou à Vienne, où il possède un palais.

La France l'occupait sans cesse, il tournait sans cesse ses yeux vers elle. Quand des inondations, ou d'autres malheurs fondaient sur un de nos départements, on était sûr que l'obole de l'exilé ne se ferait pas attendre.

L'éloignement forcé de M. le Comte de Chambord de la France est malheureusement cause que ce Prince n'y a jamais été apprécié, comme il le mérite. C'est de l'étranger, hélas ! qu'il reçoit les marques de la plus profonde sympathie, surtout des populations parmi lesquelles il a vécu.

Frohsdorf, grâce à ses augustes hôtes, est devenu un petit paradis terrestre. Là, et dans les environs, vous chercheriez vainement des pauvres. C'est que si Monseigneur et sa noble épouse sont privés de la plus belle couronne qui soit sur terre, il est une royauté qu'on n'a jamais pu leur ravir: celle de la bienfaisance. Leurs bienfaits sont si nombreux, si journaliers, qu' « on s'y est habitué » comme nous l'écrivait un prêtre des environs, à propos de Mme la Comtesse de Chambord.

En 1854, fut fondée une école pour les petites filles et, en 1864, une autre pour les garçons. Détail touchant : les frères et les sœurs chargés de la direction des deux établissements viennent tous d'Alsace.

Tout du reste est français à Frohsdorf : les habitudes, le langage, les domestiques et même les vins, ce qui ne gâte rien, bien au contraire. C'est de France que Mme la Comtesse de Chambord fait venir tous les objets de sa toilette. « Elle ne porte pas un bout de ruban qui n'ait été fabriqué à Saint-Etienne ou à Lyon, et ce sont les petites orphelines de Paris qui confectionnent sa lingerie. Dans les grandes solennités, elle ne porte qu'un bracelet : celui que la ville de Marseille lui envoya en présent il y a vingt ans déjà. » Puisque nous parlons de Mme la Comtesse de Chambord, n'oublions pas de dire qu'elle a établi à Frohsdorf un ouvroir et une pharmacie à laquelle on accourt de tous les environs.

Non que la fortune des nobles exilés soit très-considérable, Monseigneur est obligé d'administrer ses revenus avec une prudente économie ; car il fait large part aux pauvres, et puis, il tient à honneur de payer des pensions à d'anciens serviteurs.

Poussé par un sentiment de piété filiale, il a voulu se charger d'acquitter les dettes de la duchesse de Berry, contractées par suite de la mauvaise administration et des spéculations malheureuses de son mari morganatique, le comte de Luchesi-Palli. Les dettes se montaient à plus de *six* millions. Le Prince ne voulut pas interrompre pour cela le paiement des pensions des anciens serviteurs de sa famille, malgré les instances de quelques-uns; il refusa les offres généreuses de plusieurs de ses amis; il réduisit sa modeste maison.

« Le paiement de la dette, dit M. Bouniol, absorba en outre l'héritage qui lui venait de son père, c'est-à-dire la vente des forêts de Champagne arrachées, après un procès qui dura vingt ans, aux convoitises du domaine, grâce à la haute indépendance de la cour de Dijon et à l'éloquence de Berryer. »

On peut juger par là si M. le Comte de Chambord n'a pas mérité l'estime unanime dont il jouit sur la terre étrangère, elle lui reste acquise à tout jamais.

N'est-ce pas un sujet digne de réflexions pour ces visiteurs qui, poussés par curiosité à Frohsdorf, rencontrent dans ce Français exilé; dernier descendant de cette grande race qui a fait la grandeur de la France, cette dignité dans l'exil, cette sérénité dans le malheur que pas une plainte n'est venue altérer.

Combien aussi ont été étonnés de rencontrer, à deux cents lieues de France, au sein d'un pays-étranger, un homme si au courant de tout ce qui se faisait dans notre patrie ? C'est que M. le Comte de Chambord a constamment étudié toutes les questions politiques et religieuses. Peu content de ses propres lumières, il a recherché celles des autres. Ici, il faudrait citer des lettres entières de sa correspondance ; les bornes dans lesquelles nous nous sommes restreint ne nous le permettent pas. Qu'il nous suffise de dire que rien ne lui échappait : l'agriculture, l'industrie, le commerce, les finances, la guerre, l'enseignement, la politique intérieure et extérieure, et surtout le sort des classes ouvrières, tout lui était familier. Paraissait-il une brochure, un livre qui pût éclaircir un point du grand problème social, il ne manquait pas de les lire; il recevait les journaux des diverses opinions, car il recherchait la vérité, tant de ses amis que de ses ennemis, et lisait assidûment les comptes-rendus des séances du Corps législatif.

C'est surtout dans les lettres du Prince, dans ces feuilles volantes qui pour la plupart n'étaient pas destinées à la publicité, qu'il faut chercher l'histoire de sa vie politique.

« Je viens de passer deux heures en haute et douce compagnie, disait M. Henri de Pène dans le *Paris-Journal* du 15 septembre 1873. Je viens de relire la collection des lettres de 1841 à 1871. Trente ans de correspondance! et dans ces trente années, pas un mot que la conscience de l'auguste Prince ait à regretter, pas une syllabe de cet exilé de naissance que les Français puissent maudire, pas une défaillance de ce noble esprit, pas un détour de cette ligne droite, pas une colère de la part de ce méconnu... On sort de cette lecture meilleur, comme d'un bain de loyauté. Chaque lettre, pour ainsi dire, est une station aux pieds de quelque vertu patriotique ou chrétienne.

« Ce n'est pas à dire que M. le Comte de

Chambord soit un saint du temps passé, pétrifié dans sa niche. Il n'a pas même cela contre lui. Il est juste, il est moderne, il est libéral, vous dis-je, autant que pas un d'entre vous ; et s'il vaut mieux que les hommes de son temps, ce n'est pas à dire qu'il ne soit pas de son temps.

« Je ne crois pas qu'un honnête citoyen, aux yeux duquel l'esprit de parti n'aurait pas mis ses lunettes, puisse tirer de la lecture des lettres de M. le Comte de Chambord une objection contre l'avénement de ce noble Prince au trône qu'ont occupé ses aïeux, les auteurs de la France, et je voudrais que tout Français lût et relût ce que je viens de lire. »

On voit par cette correspondance, combien Monseigneur jugeait sainement l'empire.

XIV. — HENRI V
ET LA POLITIQUE NAPOLÉONIENNE.

Protestation contre l'empire. Comment il juge la
    guerre de Crimée et celle d'Italie, les événements
    de 1866 Il prévoit les événements de 1870.

A la veille de son rétablissement, il adressait à la France une noble protestation que les événements n'ont que trop vérifiée.

« Français, *y était-il dit,* vous voulez la Monarchie;
vous avez reconnu qu'elle seule peut vous rendre,
sous un gouvernement régulier et stable, cette sécurité de tous les droits, cette garantie de tous les intérêts, cet accord permanent d'une autorité forte et

d'une sage liberté qui fondent et assurent le bonheur des nations ; ne vous livrez pas à des illusions qui, tôt ou tard, vous seraient fatales. Ce nouvel empire qu'on vous propose ne saurait être cette Monarchie tempérée et durable dont vous attendez tous ces biens... La Monarchie véritable, la Monarchie traditionnelle, appuyée sur le droit héréditaire, et consacrée par le temps, peut seule vous remettre en possession de ces précieux avantages... Le génie et la gloire de Napo'éon n'ont pu suffire à fonder rien de stable, son nom et son souvenir y suffiraient moins encore. »

Pendant la guerre de Crimée, il s'affligeait « de voir nos braves soldats servir d'instruments à une politique toute personnelle, » et il ajoutait : « N'est-il pas à craindre que ce ne soit là le commencement d'entreprises aventureuses, où les véritables intérêts de la France ne seraient guère consultés? »

Il ne jugeait pas autrement les événements de 1860, qui devaient favoriser l'unité italienne, cet avant-coureur de l'unité allemande. Ecrivant à une personne qui avait perdu son fils dans la guerre d'Italie, il lui disait : « Qu'il est cruel de voir, au milieu des nouveaux prodiges de valeur de notre incomparable armée, le plus généreux, le plus héroïque, le plus pur sang de la France répandu ainsi par torrents ! Et pourquoi? Que Dieu ait pitié de notre chère et infortunée patrie ; qu'il la sauve, et avec elle l'Europe entière des bouleversements dont elles sont encore une fois menacées. »

En 1866, dans une lettre à jamais célèbre, Monseigneur qui avait sous les yeux les évé-

nements récents de la guerre austro-prus-
sienne, constatait d'abord que notre influence
prépondérante avait été profondément atteinte, « mais ajoutait-il, en indiquant le re-
mède, une sage et ferme conduite, sans té-
mérité comme sans faiblesse, peut la relever.
La France, avec son énergie, sa loyauté, son
désintéressement, prompt à se passionner pour
toutes les grandes idées, à se dévouer pour
toutes les justes causes, avec son armée aussi
admirable par la discipline que par la valeur,
avec sa puissante unité, œuvre des siècles,
marchera toujours à la tête des nations ; sa
grandeur est nécessaire à l'ordre, à la stabilité et au repos de l'Europe... » Et il déplo-
rait plus loin les résultats de cette politique
antichrétienne sur Rome « où, disait-il, nous
laissons abattre en ce moment une des grandes
choses que Dieu a faites par la France, *gesta
Dei per Francos*, je veux dire la souveraineté
temporelle du chef de l'Eglise, indispensable
garantie de son indépendance et du libre
exercice de son autorité spirituelle dans tout
l'univers. »

Plus tard, à la veille des événements de
1870, il s'écriait (15 novembre 1869) : « La
France et la société tout entière sont menacées de nouvelles commotions... Poursuivre
en dehors de la Monarchie héréditaire la réalisation des réformes légitimes que deman-
dent avec raison tant d'esprits éclairés,
chercher la stabilité dans les combinaisons de
l'arbitraire et du hasard, bannir le droit

chrétien de la société, baser sur des expédients
l'alliance féconde de l'autorité et de la liberté,
c'est courir au-devant de déceptions certaines... »

L'avenir se chargea de justifier ces craintes.

XV. — HENRI V PENDANT LA GUERRE.

Evénements de 1870 ; *Mon Dieu, sauvez la France !*
—Le château de Chambord devient une ambulance.
Patriotisme de Mme la Comtesse de Chambord. Bombardement de Paris, protestation de Henri V. Let-
tré du 8 mai (1870-1871).

Au moment où nos troupes quittaient
Rome, laissant les Etats pontificaux à la merci
des Italiens, les Prussiens envahissaient le
territoire de la France. Telle avait été l'imprévoyance du pouvoir qu'il n'avait même
pas songé à s'assurer la fuite en cas de défaite. Encore, l'homme de Sedan n'eut même
pas le vulgaire courage de risquer sa poitrine
en soldat; l'empire, qui n'avait vécu que
d'immoralités, finissait par une lâcheté. La
démagogie républicaine s'empara du gouver-
nail de l'Etat, elle décréta la victoire et ne
recueillit que la défaite. La France était
écrasée, meurtrie sous les pieds des uhlans,
tandis que trônait à Versailles un monarque
étranger et protestant, descendant de celui à
qui nous permîmes à peine, il y a deux cents
ans, de prendre le titre de roi.

M. le Comte de Chambord était douloureu-
sement ému des malheurs de son pays : « Il

faut oublier, écrivait-il à l'un de ses amis à la date du 1ᵉʳ septembre 1870, il faut oublier en ce moment tout dissentiment, mettre de côté toute arrière-pensée ; nous devons au salut de notre pays toute notre énergie, notre fortune, notre sang. — La vraie mère préférerait abandonner son enfant plutôt que de le voir périr. J'éprouve ce sentiment et je dis sans cesse : *Mon Dieu, sauvez la France, dussé-je mourir sans la revoir !* » Quelle abnégation, quel respect pour sa patrie !

Le Prince avait, au commencement de la guerre, offert pour les blessés son château de Chambord. Mme la Comtesse de Chambord voulut s'engager dans nos ambulances ; empêchée d'atteindre la réalisation de son pieux désir, elle put du moins soigner de ses propres mains nos malheureux blessés en Suisse et en Belgique.

Cependant les événements dépassaient toutes les prévisions humaines ; il était dit que ce que l'on pouvait regarder comme des espérances presque certaines, ne seraient que des illusions et qu'on épuiserait jusqu'aux dernières limites de la dissolution sociale. Un moment on crut à l'élection d'une assemblée constituante, et le pays entrevoyait un rayon de salut. Dans un manifeste daté de Genève, le Prince faisait appel à tous les honnêtes gens et leur indiquait la nécessité d'un gouvernement fort et durable au milieu de catastrophes sans exemple.

Plus tard, quand la capitale de la France

était insultée par les bombes ennemies, l'indignation lui arrache du cœur une protestation qui est entendue du monde entier (Janvier 1871).

« Il m'est impossible de me contraindre plus longtemps au silence.

« J'espérais que la mort de tant de héros tombés sur le champ de bataille, que la résistance énergique d'une capitale résignée à tout pour maintenir l'ennemi en dehors de ses murs, épargnerait à mon pays de nouvelles épreuves. Mais le bombardement de Paris arrache à ma douleur un cri que je ne pourrais contenir.

« Fils des Rois Chrétiens qui ont fait la France, je gémis de ses désastres. Condamné à ne pouvoir les racheter au prix de ma vie, je prends à témoin les peuples et les rois, et je proteste, comme je le puis, contre la guerre la plus sanglante et la plus lamentable qui fut jamais.

« Qui parlera au monde si ce n'est moi, pour la ville de Clovis, de Clotilde et de Geneviève ? pour la ville de Charlemagne et de saint Louis, de Philippe-Auguste et de Henri IV ? pour la ville des sciences, des arts, et de la civilisation.

« Non ! Je ne verrai pas périr la grande cité que chacun de mes aïeux a pu appeler *ma bonne ville de Paris.*

« Et puisque je ne puis rien de plus, ma voix s'élèvera de l'exil pour protester contre la ruine de ma patrie ; elle criera à la terre comme au ciel, assurée de rencontrer la sympathie des hommes en attendant tout de la justice de Dieu. »

Quelques jours après, Paris tombait entraînant avec lui la ruine de la France, la paix était signée, et quelle paix, grand Dieu ! L'Alsace et une partie de la Lorraine détachées du vieux tronc français, cinq milliards à payer, telle était l'œuvre de la révolution.

Ce n'était pas tout : nous devions voir, à deux mois d'intervalle, tournés contre des poitrines françaises, ces mêmes canons qui servaient à nous défendre contre l'étranger. La voix de M. le Comte de Chambord retentit de nouveau (8 mai 1871) en termes si admirables, qu'elle émut la France entière et la consola un moment de ses amertumes. Nous regrettons de ne pouvoir donner au lecteur qu'une faible partie de ces nobles accents :

« Croyez-le bien, je serai appelé, non-seulement parce que je suis l'ordre, parce que je suis le fondé de pouvoirs nécessaire pour remettre en sa place ce qui n'y est pas et gouverner avec la justice et les lois, dans le but de réparer les maux du passé et de préparer enfin un avenir. »

« On se dira que j'ai la vieille épée de la France dans la main et, dans la poitrine, ce cœur de Roi et de père qui n'a point de parti. Je ne suis point un parti et je ne veux pas revenir pour régner par un parti. Je n'ai ni injure à venger, ni ennemis à écarter, ni fortune à refaire, sauf celle de la France, et je puis choisir partout les ouvriers qui voudront loyalement s'associer à ce grand ouvrage.

« Je ne ramène que la religion, la concorde et la paix, et je ne veux exercer de dictature que celle de la clémence, parce que, dans mes mains, et dans mes mains seulement, la clémence est encore la justice.

« Voilà... pourquoi je ne désespère pas de mon pays et pourquoi je ne recule pas devant l'immensité de la tâche.

« La parole est à la France et l'heure à Dieu. »

Seule, après un triple exil, à quarante ans de distance, la Royauté peut faire entendre de tels accents et exciter les espérances de tout un peuple. Malheur à qui ne comprendrait que seule la Monarchie chrétienne peut résoudre la terrible énigme qu'a posée la révolution ! Malheur à qui ne sentirait que Dieu a mis en réserve Henri de Bourbon pour nous sauver, au jour marqué dans ses desseins éternels.

XVI. — VOYAGE DE CHAMBORD.

Abrogation des lois d'exil ; Henri V à Chambord ; anecdotes. Empressement des Français. Manifeste (1871).

Le jour de la justice commençait à poindre ; la France, par l'organe de ses représentants, votait l'abrogation des lois d'exil de 1832 et 1848 contre l'une et l'autre Branche de la Maison de Bourbon. Depuis quelque temps Monseigneur avait quitté Genève où il avait établi sa résidence et se trouvait avec Mme la Comtesse de Chambord à Bruges (29 mars), non loin de notre beau pays. Son cœur de Français tressaille et il ne peut s'empêcher de fouler la terre de ses aïeux.

Le 1er juillet au soir, accompagné de MM. de Monti, de Vanssay et de Blacas, il franchissait la frontière française. Entré dans la gare pour attendre le train, il s'assit sur un banc. Tout à côté de lui deux paysans s'entretenaient des élections qui se faisaient alors par toute la France. « Pour qui as-tu voté ? dit l'un d'eux, tu as voté pour les blancs ? Moi j'ai voté pour la république ! Tu veux donc faire revenir Henri V ? et puis les prêtres, les calotins, les nobles ! — Ma foi ! répondit le second tout proche du Prince, mon père disait qu'on payait moins et qu'on était plus heureux sous les Rois ! — Ah ! si j'osais, dit alors tout bas Monseigneur à M. de Monti, comme je serrerais avec bonheur la main de ce gaillard-là. »

Le lendemain, à cinq heures du matin, on arriva à Paris. Henri V se fit conduire d'abord à l'Hôtel-de-Ville et contempla longtemps cette immense ruine. « Je suis assiégé par mes souvenirs, disait-il à ses compagnons. Je suis parti d'ici, il y a quarante et un ans, emporté par un flot populaire, et me voilà, revenant après des désastres, une révolution et des destructions sans précédent. » Le Prince entra peu après à Notre-Dame si miraculeusement préservée des fureurs de la commune. Passant sur le Pont-Neuf, il s'écria en apercevant la statue de Henri IV : « Le voilà, je le reconnais. Ils me l'ont laissé, » et, se reculant dans le fond du fiacre, il se découvrit avec émotion devant le fondateur de sa maison.

Un moment après, il se trouvait devant les Tuileries et faisait arrêter sa voiture en face le pavillon de Marsan. Il chercha longtemps des yeux une fenêtre à demi consumée, et la désignant du doigt il dit : « C'est là que je suis né. Là, à côté de cette fenêtre, j'avais de grands soldats de plomb qu'on m'avait donnés pour apprendre les manœuvres. » Puis, ne pouvant contenir son émotion, il se prit à fondre en larmes.

Le cocher, qui était un brave homme, croyant qu'on voulait descendre, était venu ouvrir la portière. Remarquant l'air attristé du Prince : « Consolez vous, mon bourgeois, dit-il ; cela se rebâtit ces choses-là ; j'en ai vu bien d'autres ! Ah ! les gredins ! ils m'ont fait bien pis à moi, ils m'ont changé mon cheval ! »

On arrive à la place de l'Opéra-Comique et on descend pour aller au restaurant. M. de Monti s'approche du cocher, le paye. « Nous arrivons de province, lui demande-t-il, nous ne savons pas combien on donne de pourboire à Paris. — Oh ! mon Dieu, mon bourgeois, je serai très-satisfait de trois à quatre.

— Tenez, voici un louis pour moi et un autre pour Monsieur. Le cocher regarde avec stupéfaction son généreux interlocuteur, et, ne se tenant plus de joie, il s'approche du Prince, lui prend les deux bras dans ses mains, en lui disant : « Merci, merci. Vous êtes un brave homme ! Vous ne savez pas le plaisir que vous me faites ! Cela vous portera bonheur. »

M. le Comte de Chambord ne passa qu'un jour à Paris ; le soir même, il partait pour Chambord. Arrivé le 3 au matin à Blois, il en visita le château, guidé par un gardien en habit de travail, dont il écoutait avec une gracieuse bienveillance les récits historiques, acheta quelques photographies et ne trahit son incognito que par la généreuse gratification qu'il remit, avec quelques paroles de remercîment, à son conducteur. Le jour même il était à Chambord.

Avant que ne fût répandu le bruit de son arrivée, le Prince trouva le temps d'aller surprendre le curé du village de Chambord. M. de Monti connaissait fort bien le vieillard, et dans la crainte de lui causer une émotion trop forte, il entra le premier. « Ah ! M. de Monti, lui dit le curé, venez-vous enfin comme saint Jean le précurseur ? — Oui, M. le curé. — Monseigneur doit-il bientôt arriver ? — Oui, bientôt ; regardez qui ouvre la porte. » Le vieillard ne put prononcer un mot et voulut se jeter à genoux. « Gardez-vous de cela, mon cher curé, dit Henri V, je viens vous embrasser, et vous recommander de bien prier Dieu pour qu'il me fasse revenir *tôt* et mourir *tard* dans notre cher pays. N'est-il pas juste de me laisser réparer le temps perdu. »

A partir de ce moment, Chambord ne désemplit pas de visiteurs pendant les trois jours qu'y passa Henri V. Une foule de serviteurs fidèles, nos plus hautes sommités militaires et intellectuelles s'étaient empressés de lui présenter, par eux-mêmes ou par leurs amis, l'expression de leurs hommages.

M. le Comte de Chambord s'arracha à leur douce société, et le 6 juillet, il quittait la France. En partant, il lui laissait comme adieu ce manifeste sublime (5 juillet 1871) qui a eu tant de retentissement :

« Français,

« Je suis au milieu de vous.

« Vous m'avez ouvert les portes de la France, et je n'ai pu me refuser le bonheur de revoir ma patrie.

« Mais je ne veux pas donner, par une présence prolongée, de nouveaux prétextes à l'agitation des esprits si troublés en ce moment.

« Je quitte donc ce Chambord que vous m'avez donné, et dont j'ai porté le nom avec fierté, depuis quarante ans, sur les chemins de l'exil.

« En m'éloignant, je tiens à vous le dire, je ne me sépare pas de vous, la France sait que je lui appartiens.

« Je ne puis oublier que le droit monarchique est le patrimoine de la nation, ni décliner les devoirs qu'il m'impose envers elle.

« Ces devoirs, je les remplirai, croyez-en ma parole d'honnête homme et de Roi.

« Dieu aidant, nous fonderons ensemble et quand vous le voudrez, sur les larges assises de la décentralisation administrative et des franchises locales, un gouvernement conforme aux besoins réels du pays.

« Nous donnerons pour garantie à ces libertés publiques auxquelles tout peuple chrétien a droit, le suffrage universel honnêtement pratiqué et le contrôle des deux Chambres, et nous reprendrons, en lui restituant son caractère véritable, le mouvement national de la fin du dernier siècle.

« Une minorité révoltée contre les vœux du pays en a fait le point de départ d'une période de démoralisation par le mensonge et de désorganisation par la violence. Ses criminels attentats ont imposé la révolution à une nation qui ne demandait que des réformes, et l'ont dès lors poussée vers l'abîme où hier elle eût péri, sans l'héroïque effort de notre armée.

« Ce sont les classes laborieuses, ces ouvriers des champs et des villes, dont le sort a fait l'objet de mes plus vives préoccupations et de mes chères in-

4

quiétudes, qui ont le plus-souffert de ce désordre social.

« Mais la France, cruellement désabusée par des
désastres sans exemple, comprendra qu'on ne revient
pas à la vérité en changeant d'erreur ; qu'on n'é-
chappe pas par des expédients à des nécessités éter-
nelles.

« Elle m'appellera, et je viendrai à elle tout entier, avec mon dévouement, mon principe et mon
drapeau.

« A l'occasion de ce drapeau, on a parlé de conditions que je ne dois pas subir.

« Français !

« Je suis prêt à tout pour aider mon pays à se relever de ses ruines et à reprendre son rang dans le
monde ; le seul sacrifice que je ne puisse lui faire,
c'est celui de mon honneur

« Je suis et veux être de mon temps ; je rends un
sincère hommage à toutes ses grandeurs, et quelle
que fût la couleur du drapeau sous lequel marchaient
nos soldats, j'ai admiré leur héroïsme, et rendu
grâces à Dieu de tout ce que leur bravoure ajoutait
au trésor des gloires de la France.

« Entre vous et moi, il ne doit subsister ni malen-
tendu ni arrière-pensée.

« Non, je ne laisserai pas, parce que l'ignorance
ou la crédulité auront parlé de priviléges, d'absolu-
tisme ou d'intolérance, que sais-je encore? de dîmes,
de droits féodaux, fantômes que la plus audacieuse
mauvaise foi essaie de ressusciter à vos yeux ; je ne
laisserai pas arracher de mes mains l'étendard
de Henri IV, de François Ier et de Jeanne d'Arc.

« C'est avec lui que s'est faite l'unité nationale ;
c'est avec lui que vos pères, conduits par les miens,
ont conquis cette Alsace et cette Lorraine, dont la
fidélité sera la consolation de nos malheurs.

« Il a vaincu la barbarie sur cette terre d'Afrique,
témoin des premiers faits d'armes des princes de ma
famille ; c'est lui qui vaincra la barbarie nouvelle
dont le monde est menacé.

« Je le confierai sans crainte à la vaillance de notre armée; il n'a jamais suivi, elle le sait, que le chemin de l'honneur.

« Je l'ai reçu comme un dépôt sacré du vieux Roi mon aïeul, mourant en exil; il a toujours été pour moi inséparable du souvenir de la patrie absente; il a flotté sur mon berceau, je veux qu'il ombrage ma tombe.

« Dans les plis glorieux de cet étendard sans tache, je vous apporterai l'ordre et la liberté.

« Français,

« Henri V ne peut abandonner le drapeau blanc de Henri IV.

XVII. — VOYAGES DE BRUGES, LUCERNE.

Séjour de Henri V à Bruges. Estime des habitants pour lui et sa royale épouse. Lucerne, les pèlerins de la fidélité, anecdotes diverses. Présence du Roi Don Carlos et de Dona Marguerite.

M. le Comte de Chambord en revenant de France retourna encore à Bruges, où vinrent le saluer bon nombre de visiteurs français. Il semblait que Monseigneur et Madame avaient une prédilection marquée pour cette ville, où ils trouvaient une hospitalité si cordiale et où ils étaient environnés de tant d'estime de la part des habitants.

« ... Vous ne pouvez vous figurer, écrivait un Belge, quel prestige plein à la fois de simplicité et de dignité exercent ici M. le Comte et Mme la Comtesse de Chambord. Depuis près d'un an, nous osions à peine paraître dans les rues de Bruges, tant nous étions accablés et honteux : des humiliations de la France..... Maintenant nous sommes fiers et heureux on répète à haute voix les paroles d'espérance, qui sont si loyalement prononcées dans les audiences, et l'on s'aborde en augurant pour la France des jours de salut et de paix. — Il faut connaître ce pays pour juger du bien que Monseigneur et Madame font par leur présence. On apprend en les voyant à aimer, à respecter un Roi, une Reine. Henri V et Marie-Thérèse ne recherchent pas la popularité, mais ils sont populaires au suprême degré : ils sont l'objet de toutes les conversations et de toutes les pensées. Leur simplicité enchante, leur réserve et l'extrême délicatesse de leurs manières frappent tout le monde. — Je ne vois personne ici qui n'approuve complétement le Manifeste : on y trouve un langage royal, vraiment français. — Si je ne craignais de faillir à une promesse solennelle de discrétion, je vous citerais des traits charmants de Madame, je vous raconterais dans tous ses détails une longue visite chez des religieuses et des orphelines, et une seconde visite par elle accompagnée de Monseigneur ; j'en ai connu les moindres incidents, je n'ai pas le droit de les divulguer. — J'ai éprouvé une sorte de fascination en voyant Monseigneur et Madame, et je crois qu'il est presque impossible de ne pas céder à ce charme invincible. — Dieu avait des vues de miséricorde sur la France lorsqu'il lui réservait un Roi et une Reine tels que Henri V et Marie-Thérèse. (»

En quittant Bruges le 4 août 1871, M. le Comte de Chambord se rendit à Bruxelles, puis de là à Frohsdorf.

Le 6 novembre, il arrivait à Lucerne. Il descendit au même hôtel où il avait séjourné en 1862 avec sa sœur la duchesse de Parme, le Schwizer (hôtel suisse), sur les bords du lac, qui ne contenait pas moins de 260 chambres et ressemblait plutôt à un palais. Le Prince y occupait les appartements d'honneur, au premier étage ; le reste de l'hôtel était pour les visiteurs, et Dieu sait s'il pouvait suffire.

Le nombre des visiteurs augmentait chaque jour plutôt que de diminuer par le départ des premiers venus. A midi, avaient lieu les audiences de présentation des nouveaux arrivés, et à huit heures et demie du soir, réception générale de ceux qui avaient déjà été représentés.

« De toutes les provinces de France, raconte M. le vicomte Hocquart dans la *Gazette de France*, des personnes de toutes conditions étaient accourues pour offrir l'hommage de leur dévouement à l'auguste descendant de nos rois. Au milieu de nos discordes civiles, sentir battre son cœur à l'unisson de tous ces cœurs dans une même pensée et dans une même foi, était déjà une consolation et une espérance. »

Parmi les députés on remarquait MM. Lucien Brun, de Bois-Boissel, Baragnon, de la Rochefoucauld, de Kergorlay, de Fournès, de Mornay; etc... n'oublions pas en passant M. Jaubert dont les opinions orléanistes étaient bien connues.

Il y avait aussi des commerçants et des enfants du peuple, ceux-là surtout étaient les bienvenus. Et c'était alors un touchant échange de paroles entre le descendant des Rois de France et ces bonnes gens!

Un bon paysan de Pignan, près Montpellier, présenté au Roi, lui dit : « Eh bien, Monseigneur, faut-il nous réveiller, ou devons-nous continuer à dormir? tout le monde m'attend chez moi comme je vous attendais ce matin, pour savoir de vos nouvelles. Si nous avons le bonheur que tous les princes soient d'accord, je vous garantis qu'il ne restera pas un républicain dans le pays. »

Un ouvrier, dit une correspondance de l'*Echo de la Province*, avec sa longue barbe et ses mains calleuses, était touchant d'émotion, lorsque Monseigneur s'est approché de lui et lui a parlé avec cette amabilité digne dont il a le secret. C'était, pour nous, comme un ressouvenir des vieux rapports de saint Louis avec les enfants du peuple.

A côté de moi, un homme, au cœur dévoué, médecin dans une de nos villes du Midi, enveloppait deux des petits gâteaux distribués dans la soirée. Il voulait, le brave homme, porter à ses enfants des gâteaux du Roi.

Il y avait aussi à Lucerne une députation de paysans de l'Auvergne, dont la joie était inexprimable en voyant le Prince. Monseigneur leur ayant tendu cordialement la main, ils la saisirent avec effusion pour l'embrasser. Monsieur le Comte de Chambord ne pouvait cacher son émotion.

« Monseigneur, lui disait un journaliste, voilà plusieurs visites que je vous fais, vous devriez bien me les rendre en France ! — Je vous assure que je ne demande pas mieux, fit le Prince en souriant. »

« Travaillez beaucoup, disait-il à un autre journaliste, continuez à servir la bonne cause et à faire revivre les bons principes. Les temps seront durs, l'avenir paraît sombre... mais Dieu est là. »

Quelques jours avant son départ de Lucerne, il recevait une députation de Lorrains. Ces braves gens se jetèrent à ses genoux, lui exposant leur douleur en termes déchirants et attendant qu'il leur annonçât le jour de la délivrance. Saisi d'une forte émotion, Monseigneur les quitta brusquement pour cacher ses larmes. « Je n'y puis tenir, disait-il, ils me fendent le cœur ! »

La présence de Don Carlos et de son épouse Dona Margarita ajoutaient encore à l'éclat de cette manifestation ; elle était une preuve du respect que ces augustes princes portaient au Chef de leur famille. Aucun royaliste n'aurait voulu quitter Lucerne, après avoir vu le Roi de France, sans saluer le souverain légitime d'Espagne. C'était comme une protestation contre tout ce qui se passait en Europe et surtout en France. Tous les visiteurs de Lucerne, au sortir de leur audience, ne pouvaient s'empêcher de manifester hautement leur confiance dans l'avenir en voyant les principes de toute bonne société personnifiés dans un tel Prince.

« J'ai vu, écrivat M. Baragnon, la cause que je sers représenté par un homme dont le charme personnel et la grandeur morale ont dépassé mon attente, et je suis convaincu que Dieu n'avait pas fait de telles qualités et, disons-le, de telles vertus, pour fleurir sans profit pour la France et pour le monde. »

XVIII — VOYAGE D'ANVERS.

Effet du voyage de Lucerne. Manifeste du 29 janvier 1872. Henri V à Anvers. L'*Internationale*. Empressement des Français. Un correspondant de la *Liberté*. Lettre à M. de la Rochette (1871-1872).

Le 22 novembre, Monseigneur quittait Lucerne et se rendait à Genève où il revoyait son neveu, le Roi Don Carlos, et de là à Frohsdorf.

Un des grands effets du voyage de Lucerne fut de mettre au grand jour le refus formel opposé par le Roi à son abdication. Une lettre de lui publiée par un journal de Lyon ne permit aucun doute sur ce sujet.

Deux mois plus tard, pour couper court à toutes les intrigues et ne laisser aucun doute sur sa politique à ciel ouvert, il publiait le

Manifeste suivant, d'un langage aussi noble que sage (29 janvier 1872) :

« La persistance des efforts qui s'attachent à dénaturer mes paroles, mes sentiments et mes actes m'oblige à une protestation que la loyauté commande et que l'honneur m'impose.

« On s'étonne de m'avoir vu m'éloigner de Chambord, alors qu'il m'eût été si doux d'y prolonger mon séjour, et l'on attribue ma résolution à une secrète pensée d'abdication.

« Je n'ai pas à justifier la voie que je me suis tracée. Je plains ceux qui ne m'ont pas compris ; mais toutes les espérances basées sur l'oubli de mes devoirs sont vaines.

« Je n'abdiquerai jamais.

« Je ne laisserai pas porter atteinte, après l'avoir conservé intact pendant quarante années, au principe monarchique, patrimoine de la France, dernier espoir de sa grandeur et de ses libertés.

« Le césarisme et l'anarchie nous menacent encore. parce que l'on cherche dans des questions de personnes le salut du pays, au lieu de le chercher dans les principes

« L'erreur de notre époque est de compter sur les expédients de la politique, pour échapper aux périls d'une crise sociale

« Et cependant, la France, au lendemain de nos désastres, en affirmant dans un admirable élan sa foi monarchique, a prouvé qu'elle ne voulait pas mourir.

« Je ne devais pas, dit-on, demander à nos valeureux soldats de marcher sous un nouvel étendard.

« Je n'arbore pas un nouveau drapeau, je maintiens celui de la France, et j'ai la fierté de croire qu'il rendrait à nos armées leur antique prestige.

« Si le drapeau blanc a éprouvé des revers, il y a des humiliations qu'il n'a pas connues.

« J'ai dit que j'étais la réforme; on a feint de comprendre que j'étais la réaction.

« Je n'ai pu assister aux épreuves de l'Eglise sans me souvenir des traditions de ma patrie. Ce langage a soulevé les plus aveugles passions.

« Par mon inébranlable fidélité à ma foi et à mon drapeau, c'est l'honneur même de la France et de son glorieux passé que je défends, c'est son avenir que je prépare.

« Chaque heure perdue à la recherche de combinaisons stériles profite à tous ceux qui triomphent de nos abaissemen's.

« En dehors du principe national de l'hérédité monarchique sans lequel je ne suis rien, avec lequel je puis tout, où seront nos alliances ? Qui donnera une forte organisation à notre armée ? Qui rendra à notre diplomatie son autorité ? à la France son crédit et son rang ?

« Qui assurera aux classes labborieuses le bienfait de la paix, à l'ouvrier la dignité de sa vie, les fruits de son travail, la sécurité de sa vieillesse ?

« Je l'ai répété souvent, je suis prêt à tous les sacrifices compatibles avec l'honneur, à toutes les concessions qui ne seraient pas des actes de faiblesse.

« Dieu m'en est témoin, je n'ai qu'une passion au cœur, le bonheur de la France; je n'ai qu'une ambition, avoir ma part dans l'œuvre de reconstitution qui ne peut être l'œuvre exclusive d'un parti, mais qui réclame le loyal concours de tous les dévouements

« Rien n'ébranlera mes résolutions, rien ne lassera ma patience, et personne, sous aucun prétexte, n'obtiendra de moi que je consente à devenir le Roi légitime de la révolution.

Peu de temps après, l'auguste descendant de nos Rois venait s'établir à Anvers. Nous n'essaierons pas de rapporter ici tous les divers épisodes de ce voyage, ni les honteuses manifestations de l'Internationale autour de l'hôtel Saint-Antoine où séjournait le Prince.

Parmi les cris qui se sont fait entendre, on a pu remarquer celui de : « A bas Chambord! Vive la Prusse. » C'est assez significatif. Il y eut même des émeutes. Ce spectacle honteux n'attrista que trop la conscience des honnêtes gens.

Les autorités de la ville se conduisirent, il faut le dire, en gardiennes fidèles de leur honneur. Des contre-manifestations s'organisèrent, et au moment du départ du Prince, le *Courrier de Bruxelles* prit l'initiative d'une adresse au descendant de nos Rois ; c'était une énergique protestation contre les violences de la canaille. De toutes parts, l'indignation éclatait. Une interpellation d'un membre de la gauche qui aurait voulu qu'on expulsât M. le Comte de Chambord fut discutée à la Chambre belge, le 27 février, et repoussée, à la grande joie du peuple belge. Mais déjà le Prince « ne voulant pas que sa présence à Anvers devînt plus longtemps une occasion de troubles, en même temps qu'un prétexte d'hostilité contre le gouvernement belge », avait quitté Anvers (25 février), se rendant à Dordrecht et de là, à Bréda.

Toutes ces manifestations ne purent un moment arrêter l'affluence des visiteurs, à l'hôtel Saint-Antoine. On y vit plus de cent députés ; nombre de commerçants et de gens du peuple y furent reçus par le Prince, entre autres six cents électeurs du département Nord, qui lui offrirent un superbe drapeau blanc et qui furent à leur retour injuriés par les radicaux de Lille.

Nous aimons à citer ici le témoignage d'un correspondant de *la Liberté*, feuille qui est encore bien loin d'être royaliste.

« Je montai au premier élage. Je vous avoue que le cœur me battait fort et que j'étais très-embarrassé. Je traversai un petit salon, dans le milieu duquel se trouvait une porte ouvrant sur la chambre à coucher du Prince. Je m'arrêtai sur le seuil, et je saluai le Comte de Chambord qui vint à moi.

« M. le Comte de Chambord était vêtu d'un petit paletot de drap noir, sans taille, boutonné jusqu'au haut, d'un pantalon gris demi-collant. Il portait une chemise à col rabattu et une cravate noire. Il était nu-tête.

« Monsieur, me dit-il, M. de Monti m'a dit qui vous étiez ; je suis heureux de vous voir, d'abord parce que vous êtes Français, ensuite parce que vous êtes journaliste. On dit beaucoup de mal de moi dans ce moment ; êtes-vous de ceux-là ? — Monseigneur, lui répondis-je, je ne puis que vous répéter ce que je disais tout à l'heure à M. de Monti ; il n'y a que les gens de mauvaise foi qui ne vous rendent pas justice. — Malheureusement, ils sont nombreux en France. Enfin, depuis que je suis au monde, je suis habitué à la persécution, M. de Girardin écrit-il toujours dans la *Liberté ?* — Oui, Monseigneur ; mais maintenant le journal est la propriété de M. Détroyat. M. de Girardin est resté son collaborateur. — Ah ! c'est un grand esprit ; c'est un homme à grandes et nobles idées. A Froshdorf, je lisais ses articles tous les jours..... — Monseigneur, demandai-je alors, est-il vrai que vous ayez songé à adopter le

Duc Robert de Parme, et à le reconnaître pour votre héritier ?

« A ces paroles, Henri de Bourbon se mit à sourire et me répondit : « Qui donc peut inventer de pareilles fables ? Est-ce que ma vie tout entière n'est pas là pour le démentir ? Moi, qui suis fanatique des principes, comment songerais-je à violer la vieille loi salique ? Mais il n'y aurait alors aucune raison pour que je n'adoptasse pas le premier gentilhomme venu. Mon héritier, vous le connaissez. Je n'ai pas le choix : c'est celui que la Providence m'impose, puisqu'elle a décidé que la Branche aînée des Bourbons devait s'éteindre en moi.

« Je parlai de la fusion. — La fusion, reprit le Prince, est-ce qu'elle n'existe pas ? Les princes d'Orléans sont mes fils. Je ne me suis jamais souvenu, ni de Philippe-Egalité, ni de Louis-Philippe Ier, ni de la citadelle de Blaye. Et le malheur commun ne nous a-t-il pas tous rapprochés ? 1848 n'a-t-il pas effacé 1830 ?

« Je me retirai en m'inclinant. Je sortis enchanté d'avoir eu l'honneur de voir M. le Comte de Chambord. Certes je ne suis pas légitimiste, et je ne le deviendrai jamais, mais je vous jure qu'on ne peut pas parler au Comte de Chambord sans être saisi à la fois et de respect et d'une vive sympathie pour sa personne. Je crois que M. de Monti a raison et que le Comte de Chambord *serait* un Roi populaire. »

Nous pourrions multiplier ces témoignages venant d'adversaires du Prince. Ils attesteraient assez sa ferme droiture et sa haute intelligence, qui le font le dernier espoir de notre patrie. Quel contraste surtout de cette politique ouverte et loyale, avec les intrigues qui se tramaient alors en France, pour nous imposer une chose monstrueuse : la république conservatrice. Henri V, avec le merveilleux instinct des situations et des événements dont il est doué, avait tout prévu. Sa lettre à M. de la Rochette en fait foi : on aurait pu croire qu'il avait deviné pour ainsi dire le message présidentiel dans la pensée de son auteur (15 octobre 1872).

Je n'hésite pas, mon cher La Rochette, à répondre franchement aux questions que vous me posez.

La France serait sauvée, et nous la verrions sortir de ses ruines, plus forte et plus grande que jamais, si l'on voulait comprendre enfin quelles sont les vraies conditions de salut.

Le pays est las des agitations. Un secret instinct lui dit que la Monarchie traditionnelle lui rendrait le repos auquel il aspire; et c'est ce que la révolution veut empêcher à tout prix. Aussi redouble-t-elle d'efforts pour le séduire et l'égarer.

Votre patriotisme s'en indigne, et vous regrettez de voir tant d'esprits généreux se rendre les complices involontaires d'erreurs qu'ils détestent et de solutions qu'ils redoutent.

Je m'en attriste comme vous ; mais, comme vous, je proteste contre l'établissement d'un état de choses destiné à prolonger la série de nos malheurs.

Il est impossible de s'y méprendre. La proclamation de la république en France a toujours été et serait encore le point de départ de l'anarchie sociale, le champ ouvert à toutes les convoitises, à toutes les utopies, et vous ne pouvez, sous aucun prétexte, vous associer à cette funeste entreprise.

On répète sans cesse, et avec raison, que nous vivons dans l'imprévu, et l'on s'ingénie à trouver chaque jour l'expédient capable d'assurer la sécurité du lendemain. Si le pays a la faiblesse de se laisser entraîner par les courants qui l'agitent, rien n'est moins inconnu que l'avenir. Nous courons à un abîme certain.

En vain, essayerait-on d'établir une distinction rassurante entre ce parti de la violence, qui promet la paix aux hommes en déclarant la guerre à Dieu, et ce parti plus prudent, mieux discipliné, arrivant à ses fins par des voies détournées, mais atteignant le même but.

Ils diffèrent, par leur langage, mais ils poursuivent la même chimère; ils ne recrutent pas les mêmes soldats, mais ils marchent sous le même drapeau. Ils ne peuvent nous attirer que les mêmes malheurs.

Conserver l'illusion d'une république honnête et modérée, après les sanglantes journées de juin 1848 et les actes sauvages de la seconde Terreur, si meurtrières toutes deux pour notre brave armée, n'est-ce pas oublier trop vite les avertissements de la Providence et traiter les leçons de l'expérience avec trop de dédain?

C'est au moment où la France se réveille en s'affirmant par un grand acte de foi, qu'on prétendrait lui imposer le gouvernement le plus menaçant pour ses libertés religieuses!

C'est quand la nécessité des alliances se fait si impérieusement sentir, qu'on rendrait toute alliance impossible et qu'on se condamnerait soi-même à un isolement fatal!

Non, cela ne sera pas.

La république inquiète les intérêts autant que les consciences. Elle ne peut être qu'un provisoire plus ou moins prolongé. La Monarchie seule peut donner la vraie liberté, et n'a pas besoin de se dire conservatrice pour rassurer les honnêtes gens.

C'est à ces derniers surtout que je voudrais rendre la conscience de leur force.

Le peuple d'autrefois avait coutume de s'écrier:

Ah! si le Roi savait! Comme il serait juste de dire aujourd'hui : Ah! si les hommes de bien voulaient!

Combattons sans relâche les défaillances des uns, la timide condescendance des autres. A la politique des fictions et des mensonges opposons partout et toujours notre politique à ciel ouvert.

Au fond, la France est catholique et monarchique; c'est à nous qu'i appartient de la prémunir contre ses égarements, de lui signaler les écueils et de lui montrer le port.

J'espère n'avoir jama s failli à ce devoir sacré, et nul n'aura le pouvoir de me faire dévier de mon chemin.

Je n'ai pas une parole à rétracter, pas un acte à regretter, car ils m'ont tous été inspirés par l'amour de ma patri ; et je revendique hautement ma part dans la responsabilité des conseils que je donne à mes amis

Le jour du triomphe est encore un des secrets de Dieu, mais ayez confiance dans la mission de la France.

L'Europe a besoin d'elle, la Papauté a besoin d'elle, et c'est pourquoi la vieille nation chrétienne ne peut périr.

Comptez sur ma constante affection.

XIX — HENRI V A L'EXPOSITION DE VIENNE.

Le 21 janvier 1873. — Mgr Dupanloup. — Henri V à l'exposition de Vienne. — Il visite la section française. Effet qu'il produit sur les exposants. Henri V et les communards. Le bois de noyer sculpté (1873).

Cependant les événements se succédaient et la politique de M. Thiers nous menait droit à l'abîme. Une lueur d'espoir se fit entrevoir par la présence des princes d'Orléans, le 21 janvier 1873, à la Chapelle expiatoire. Des tentatives, qui dégénérèrent souvent en intrigues, eurent lieu pour opérer ce qu'on a appelé si improprement la *fusion*.

Mgr Dupanloup s'était fait lui-même l'écho de ces menées ; il en vint à proposer au Prince une abdication morale, en lui conseillant de renoncer à son drapeau et de faire des concessions. M. le Comte de Chambord, dans une lettre célèbre, confondit toutes ces manœuvres.

La république conservatrice reçut bientôt le coup de mort par l'élection de M. Barodet. Le hideux radicalisme attendait impatiemment son tour, mais les droites de l'assemblée purent triompher et l'élection du maréchal de Mac-Mahon vint donner satisfaction aux idées conservatrices.

Peu de temps après ces événements, Henri V se rendait à l'exposition de Vienne ce fut à la section française qu'il se rendit tout d'abord.

Il fut reçu par M. du Sommerard, commissaire général de notre gouvernement, qui se mit à sa disposition avec une courtoisie parfaite et lui présenta les industriels français. Pendant plus de trois heures, dit un journal, M. le Comte de Chambord a pu se croire en France et s'abandonner au charme de causer avec des Français. Les exposants ne cachaient point un sentiment de vif et profond intérêt qui, pour quelques-uns, n'était pas exempt de surprise, à la vue de ce Prince de vieille race, si intimement uni par ses études et ses aspirations au mouvement des sociétés modernes. Il y a plus d'un radical qui doute encore d'avoir causé avec l'héritier des Rois de France, et qui croirait volontiers à une mystification. Et de fait la mystification existe, mais son siége est à Paris et non à Vienne. Il y a un faux Henri V, c'est celui que des écrivains aux gages de la révolution dénoncent chaque jour au peuple comme l'ennemi de ses droits et de sa liberté; les exposants français à Vienne ont vu le véritable, et ils peuvent maintenant le comparer à celui dont la haine politique leur a si souvent tracé le portrait défiguré.

« Avant de sortir du palais de l'Exposition, M. le Comte de Chambord s'est rendu acquéreur de divers objets qu'il avait plus particulièrement remarqués dans les vitrines de MM. Barbedienne et Léon Parvillée, et d'une vingtaine d'industriels français. Il a acheté notamment une très-belle statue de Marie-Antoinette, venant de chez M. Auguste Lemaire et un magnifique bronze représentant l'Alsace en pleurs, exposé par MM. Susse frères. »

Cette visite avait procuré trop de plaisir au Prince pour que ce fût la dernière. Tout ce qui a trait à l'industrie, au commerce, aux intérêts généraux et aux besoins du peuple est l'objet incessant de ses méditations : « Je regarde comme un devoir, a-t-il écrit, d'étudier dès à présent tout ce qui se rattache à l'organisation du travail et à l'amélioration des classes laborieuses. Quelles que soient les destinées de la Providence sur moi, je n'oublierai jamais que le grand Roi Henri IV, mon aïeul, a laissé à tous ses descendants l'exemple et le devoir d'aimer le peuple. *C'est là un héritage qui ne peut m'être enlevé.* »

Un mois plus tard, à la veille de faire une excursion dans les montagnes de la Haute-Hongrie, Monseigneur allait revoir l'exposition.

La magnifique vitrine de M. Mame fixa longuement l'attention du Prince, qui, en admirant les merveilles typographiques sorties des ateliers du célèbre éditeur, éprouvait encore un charme plus vif à s'entretenir des nobles et courageuses initiatives de cet homme de bien qui a fait des intérêts et des besoins des classes ouvrières l'objet de ses constantes préoccupations. Il s'arrêta également devant les objets d'art exposés par la maison Giroux, dont le nom lui rappela d'anciens et chers souvenirs. Il a examiné avec un soin particulier la magnifique exposition de notre grand établissement du Creuzot, dont M. Schneider fils lui fit courtoisement les honneurs et parcourut les galeries où sont exposés nos produits et nos machines agricoles.

Le nombreux matériel envoyé à Vienne par la Société internationale des secours aux blessés, notamment un train-hôpital qui arrivait de Paris intéressa vivement aussi le

Prince, qui, comme pendant ses visites précédentes, ne cessa d'être entouré de respect et d'hommages.

Tous admiraient cette vive intelligence, cette grâce spirituelle, cette affabilité royale, héritage des Bourbons ; républicains ou libéraux de la ville étaient sous le charme et aucun ne cachait ses impressions. « Nos pères et nous, s'écria un jour l'un d'eux de manière à être entendu de l'assistance entière, nous avons fait la révolution de juillet et nous en rougissons ! »

Voici une anecdote qui fait voir combien grand est le charme qu'exerce M. le Comte de Chambord autour de lui. Le Prince visitait l'exposition et causait familièrement avec plusieurs Français réunis chez un exposant. On s'entretenait naturellement de la patrie et de ses douleurs : « Eh bien ! Monseigneur, dit tout à coup un de ses interlocuteurs, qui occupait un des premiers rangs, sinon le premier, parmi les exposants français, désirez-vous visiter les communards ? — Très-volontiers, répondit le Prince, qui met ainsi en pratique cette belle parole de l'un de ses manifestes : « Je serai le Roi de tous les Français. » L'instant est favorable pour les voir tous, reprend l'exposant, car ils sont réunis en comité intime dans la loge de l'un d'eux. »

On se dirige aussitôt vers le quartier de la parfumerie. Qui le croirait ? Cette industrie si douce, si odorante, fournit, paraît-il, aux révolutionnaires un certain contingent. En entrant dans la loge, M. du S*** annonce le Prince : « Messieurs, dit-il, M. le Comte de Chambord, qui porte un intérêt tout particulier à l'exposition française, a toujours témoigné le désir de visiter la section de la parfumerie, et j'ai l'honneur de vous le présenter. »

Nos communards croient l'occasion bonne pour étaler leurs convictions et leur savoir-vivre. Ils ne répondent point au salut du Prince, et tous affectent de garder leurs chapeaux sur la tête, commettant ainsi à l'égard du premier des Français une grossièreté qu'ils ne se seraient pas permise envers un goujat. Monseigneur affecte de ne point s'étonner de cet accueil; ou plutôt, c'est un motif pour son âme généreuse de se montrer encore plus affable et plus gracieux. Il cause des divers produits de la parfumerie, des moyens de fabrication, des avantages ou des souffrances du commerce; il semble connaître toutes ces questions aussi bien que les parfumeurs eux-mêmes. Ceux-ci sont charmés du langage de leur royal visiteur et comme fascinés par son prestige : les chapeaux rebelles s'abaissent furtivement un à un ; au bout de quelques minutes, toutes les têtes sont découvertes et tous les cœurs sont gagnés.

Lorsque le comte de Chambord sortit de l'exposition, les parfumeurs l'accompagnèrent respectueusement, — et chapeaux bas,

— jusqu'à sa voiture. Les communards eux-mêmes étaient devenus Français.

Les visiteurs remarquaient au milieu de l'exposition française, un lit en bois de noyer sculpté, avec colonnes, ciel, et des rideaux en magnifique satin avec application de velours, qui rappelle les anciens lits où couchait le Roi de France du temps que la reine Berthe filait. C'était beau, gracieux, mais cela coûtait 25,000 francs. Plusieurs princes l'avaient admiré; on racontait qu'un juif dix fois millionnaire avait promis de l'acheter le jour où Henri V coucherait à Versailles, parce qu'il doublerait sa fortune ce jour-là. « Dans six mois, lui aurait répondu un Anglais, ce lit vous appartiendra à moins que la France n'ait entièrement perdu la raison. »

XX. — DERNIERS ÉVÉNEMENTS.

Acte du 5 août. Salzbourg. Prétentions du centre droit. Lettre de Henri V à M. Chesnelong. La question du drapeau. Conséquences de la Restauration. Programme politique de Henri V. La France ne périra pas. *Vive le Roi!*

En France, tout tendait à la Monarchie. Le pays, délivré de M. Thiers et de ses utopies, l'allait être aussi de l'étranger: tous les obstacles étaient donc détruits. C'est alors, le 5 août 1873, que M. le comte de Paris se rendit à Frohsdorf où il déclara venir, en son nom et au nom de toute sa famille, saluer en la personne de son royal cousin, non-seulement le Chef de la Maison de Bourbon; mais aussi le seul représentant du principe monarchique. Cette visite fut suivie de celles de M. le prince de Joinville, et un peu plus tard, de M. le duc d'Alençon, de M. et Mme la duchesse de Chartres, puis de M. le duc de Nemours.

Bientôt après, les diverses fractions de la majorité de l'assemblée voulurent combiner leur action en commun. Une commission de neuf membres, présidée par le général Changarnier, prit la direction du mouvement et envoya plusieurs de ses membres, principalement M. Chesnelong auprès de Henri V qui se trouvait alors à Salzbourg.

L'entente fut complète et l'on crut que la Royauté allait être rétablie. Malheureusement, on abusa des mots, on fit dire au Prince des choses qu'il n'avait jamais dites : on lui faisait *amener son pavillon,* c'est-à-dire marcher sur le drapeau blanc. Pour couper court à l'équivoque, M. le Comte de Chambord écrivit la lettre suivante à M. Chesnelong (27 octobre 1873).

J'ai conservé, Monsieur, de votre visite à Salzbourg un si bon souvenir ; j'ai conçu pour votre noble caractère une si profonde estime, que je n'hésite pas à m'adresser loyalement à vous, comme vous êtes venu vous-même loyalement à moi.

Vous m'avez entretenu, durant de longues heures, des destinées de notre chère et bien-aimée patrie, et je sais qu'au retour, vous avez prononcé, au milieu de vos collègues, des paroles qui vous vaudront mon éternelle reconnaissance. Je vous remercie d'avoir si bien compris les angoisses de mon âme, et de n'avoir rien caché de l'inébranlable fermeté de mes résolutions.

Aussi ne me suis-je point ému quand l'opinion publique, emportée par un courant que je déplore, a prétendu que je consentais enfin à devenir le Roi légitime de la révolution. J'avais pour garant le témoignage d'un cœur, et j'étais résolu à garder le silence, tant qu'on ne me forcerait pas à faire appel à votre loyauté.

Mais puisque, malgré vos efforts, les malentendus s'accumulent, cherchant à rendre obscure ma politique à ciel ouvert, je dois toute la vérité à ce pays dont je puis être méconnu, mais qui rend hommage à ma sincérité, parce qu'il sait que je ne l'ai jamais trompé et que je ne le tromperai jamais.

On me demande aujourd'hui le sacrifice de mon honneur. Que puis-je répondre? sinon que je ne rétracte rien, que je ne retranche rien de mes précédentes déclarations. Les prétentions de la veille me donnent la mesure des exigences du lendemain, et je ne puis consentir à inaugurer un règne réparateur et fort par un acte de faiblesse.

Il est de mode, vous le savez, d'opposer à la fermeté de Henri V l'habileté de Henri IV. *La violente amour que je porte à mes sujets*, disait-il souvent, me rend tout possible et honorable.

Je prétends, sur ce point, ne lui céder en rien, mais je voudrais bien savoir quelle leçon se fût attirée l'imprudent assez osé pour lui persuader de renier l'étendard d'Arques et d'Ivry.

Vous appartenez, Monsieur, à la province qui l'a vu naître, et vous serez, comme moi d'avis qu'il eût promptement désarmé son interlocuteur, en lui disant avec sa verve béarnaise : Mon ami, prenez mon drapeau blanc, il vous conduira toujours au chemin de l'honneur et de la victoire.

On m'accuse de ne pas tenir en assez haute estime la valeur de nos soldats, et cela au moment où je n'aspire qu'à leur confier tout ce que j'ai de plus cher. On oublie donc que l'honneur est le patrimoine commun de la Maison de Bourbon et de l'armée française, et que sur ce terrain-là, on ne peut manquer de s'entendre !

Non, je ne méconnais aucune des gloires de ma patrie, et Dieu seul, au fond de mon exil, a vu couler mes larmes de reconnaissance toutes les fois que dans la bonne ou la mauvaise fortune, les enfants de la France se sont montrés dignes d'elle.

Mais nous avons ensemble une grande œuvre à accomplir. J'y suis prêt, tout prêt à l'entreprendre quand on le voudra, dès demain, dès ce soir, dès ce moment. C'est pourquoi je veux rester tout entier ce que je suis. Amoindri aujourd'hui, je serais impuissant demain.

Il ne s'agit de rien moins que de constituer sur ses bases naturelles une société profondément troublée, d'assurer avec énergie le règne de la loi, de faire renaître la prospérité au dedans, de contracter au dehors des alliances durables, et surtout de ne pas craindre d'employer la force au service de l'ordre et de la justice.

On parle de conditions ; m'en a-t-il posé ce jeune prince, dont j'ai ressenti avec tant de bonheur la loyale étreinte, et qui, n'écoutant que son patriotisme, venait spontanément à moi, m'apportant au nom de tous les siens des assurances de paix, de dévouement et de réconciliation ?

On veut des garanties ; en a-t-on demandé à ce Bayard des temps modernes dans cette nuit mémorable du 24 mai, où l'on imposait à sa modestie la glorieuse mission de calmer son pays par une de ces paroles d'honnête homme et de soldat, qui rassurent les bons et font trembler les méchants ?

Je n'ai pas, c'est vrai, porté comme lui l'épée de la France sur vingt champs de bataille, mais j'ai conservé intact, pendant quarante-trois ans, le dépôt sacré de nos traditions et de nos libertés. J'ai donc le droit de compter sur la même confiance et je dois inspirer la même sécurité.

Ma personne n'est rien, mon principe est tout. La France verra la fin de ses épreuves quand elle voudra le comprendre. Je suis le pilote nécessaire, le seul capable de conduire le navire au port, parce que j'ai mission et autorité pour cela.

Vous pouvez beaucoup, Monsieur, pour dissiper les malentendus et arrêter les défaillances à l'heure de la lutte. Vos consolantes paroles, en quittant Salzbourg, sont sans cesse présentes à ma pensée : la France ne peut pas périr, car le Christ aime encore ses Francs, et lorsque Dieu a résolu de sauver un peuple, il veille à ce que le sceptre de la Justice ne soit remis qu'en des mains assez fermes pour le porter.

Cette lettre fut comme un coup de foudre, au milieu de l'intrigue, et par suite de honteuses défaillances, la solution monarchique devint impossible.

Dans la pensée du Roi, comme dans celle de tous les honnêtes gens, la question du drapeau devait formellement être réservée. Il prenait le pays tel qu'il le trouvait, mais demandait la même confiance, et qu'on le prît à son tour tel qu'il était. « Amoindri aujourd'hui, il serait impuissant demain. »

Reconnaître le principe monarchique, rappeler le Roi, c'était là l'essentiel. Le centre droit, incorrigible dans son entêtement et comme pétrifié dans le libéralisme, voulut *imposer d'avance* le drapeau tricolore, et mettre Henri V en contradiction avec ses manifestes. On lui dictait, en outre, certaines conditions. Imposer le drapeau tricolore au neveu de Louis XVI conduit à l'échafaud par ce drapeau, et au petit-fils de Charles X chassé par lui, n'était-ce pas lui demander l'abdication de son honneur et amoindrir le principe monarchique ?

Une fois, le Roi sur le trône, cette question

du drapeau eût tout de suite été tranchée
« par l'iniative du Roi, d'accord avec la re-
présentation nationale. »

La Monarchie pouvait facilement être rétablie, la paix et la sécurité rendues à notre
patrie, le commerce et l'industrie assurés, les
partis apaisés, le Roi rétabli en France, et
avec lui, reprenant ses droits toute la Maison
de France. L'hérédité du trône nous eût as-
suré la sécurité du lendemain ; notre rang en
Europe nous eût été rendu, quatorze siècles
de gloire de notre histoire continués, enfin,
un avenir se serait ouvert pour notre pays.
Eh bien ! tout cela, les hommes du centre
droit l'ont empêché. A bout de ressources, ils
ont mieux aimé confier la dictature à un
homme, qui tout honnête et loyal qu'il soit,
peut à peine répondre du présent et ne peut
rien pour l'avenir. Et pourtant au sujet des
garanties constitutionnelles, M. Chesnelong,
qui du reste montra au milieu de tous ces
évènements une loyauté digne d'éloges,
déclara que, sur ce point, « il avait enfoncé
une porte ouverte. »

Dans toutes ses déclarations, en effet, le
Prince s'est toujours montré à la hauteur du
temps. Ici il faudrait citer une partie de ses
admirables lettres. Celle du 9 décembre 1866
est surtout remarquable.

« Vous savez depuis longtemps les vœux que ma
raison et mon cœur me dictent pour ma patrie. . Un
pouvoir fondé sur l'hérédité monarchique, respecté
dans son principe et dans son action, sans faiblesse

comme sans arbitraire, le gouvernement représentatif dans sa puissante vitalité, les dépenses publiques sérieusement contrôlées, le règne des lois, le libre accès de chacun aux emplois et aux honneurs, la liberté religieuse et les libertés civiles consacrées et hors d'atteinte, l'administration intérieure dégagée des entraves d'une centralisation excessive, la propriété foncière rendue à la vie et à l'indépendance par la diminution des charges qui pèsent sur elle, l'agriculture, le commerce, l'industrie constamment encouragés et au-dessus de tout cela : l'honnêteté ! L'honnêteté qui n'est pas moins une obligation dans la vie publique que dans la vie privée ; l'honnêteté qui fait la valeur morale des Etats comme des particuliers. »

Quel spectacle que de voir le descendant des Rois qui ont fait la grandeur de la France, passer dans l'exil toutes les plus belles années de sa vie, pouvoir enfin, au bout de quarante ans de proscription, respirer pendant trois jours seulement l'air de sa patrie, et refuser à recouvrer, au prix d'un équivoque, le trône de ses aïeux ! Victime de nos révolutions, petit-neveu d'un Roi qui périt sur l'échafaud, fils d'un père lâchement assassiné, petit-fils d'un Roi mort dans l'exil et frère d'une princesse dont le courage et les malheurs ont fait l'admiration de l'Europe, oh ! dites-nous, lui avez-vous entendu parler avec amertume de son pays ? Dites, si, au seul nom de la France, ses yeux ne se sont pas emplis de pleurs ? car l'exil n'a pu lui enlever « ce cœur de Roi et de père qui n'a point de parti » ni de ressentiment, et c'est toujours un cri d'amour pour la France qui s'échappe de sa poitrine.

Non, mille fois non, le langage et la conduite de Henri V ne sont pas trop élevés pour nous, il n'est point trop honnête, trop digne, trop vertueux.

Nous ne serons pas toujours destinés à errer en de perpétuelles fluctuations.

La France ne peut périr, le jour viendra où elle réclamera à grands cris celui qui est le seul « fondé de pouvoirs nécessaire pour remettre en sa place ce qui n'y est pas. »

« Elle l'appellera, et il viendra à elle tout entier avec son dévouement son principe et son drapeau. » « Ce qu'il veut, ce qu'il désire c'est le salut, c'est le bonheur de la France et il n'est point de sacrifice qu'il ne soit disposé à faire pour y parvenir. »

Les malentendus, les équivoques, les intrigues disparaîtront, et la France tout entière s'ébranlera au cri si national de *Vive le Roi !* quand viendra ce jour béni ?

« La parole est à la France, l'heure est à Dieu ! »

En être réduit en 1873 à évoquer le fantôme de la dîme, des droits féodaux, de l'intolérance religieuse, de la persécution de nos frères séparés ; que vous dirais-je encore, de la guerre follement entreprise dans des conditions impossibles, du gouvernement des prêtres, de la prédominance des classes privilégiées ! Vous avouerez qu'on ne peut pas répondre sérieusement à des choses si peu sérieuses. A quels mensonges la mauvaise foi n'a-t-elle pas recours lorsqu'il s'agit d'exploiter la crédulité publique ?

19 septembre **1873.**

PUBLICATIONS DE GRAND

5, *rue de la Paroisse*, Versailles.

Vie populaire et anecdotique de Henri V depuis sa naissance jusqu'à ce jour. Brochure in-16 d 128 pages, *ornée d'un beau portrait* du Roi. *Même prix que pour l'Almanach Royaliste.* — Éditio beau papier glacé, cartonné, 1 fr., *franco*, 1 fr. 25 c.

Cette biographie est la plus ample et la plus complète qui ai paru jusqu'à nos jours ; elle est aussi la meilleure. Elle contien les manifestes les plus récents du Roi.

Almanach Royaliste pour 1874, 2ᵉ année. Brochu in-16 de près de 200 pages. Prix : 50 c., *franco*, 60 c., 2i exemplaires, 10 fr. 60 c., *franco*, 12 fr. 10 c. ; 100 exem plaires, 40 fr. ; 500 exemplaires, 175 fr. — Edition bea papier glacé, cartonné, 1 fr., *franco*, 1 fr. 25 c.

Le même pour 1873, (1ʳᵉ année), orné d'un beau portrait d Henr V. mêmes prix et format.

Almanach des Amis de Henri V pour 1874. Bro chure in-16 sur fort beau papier glacé. Prix : 50 c. *franco*, 60 c.

L'Avenir de l'Europe, les Bourbons actuels Brochure in-16 sur fort beau papier glacé. Prix : 50 c *franco*, 60 c.

Cet ouvrage comprend l'état actuel de la Maison de Bourbon la généalogie, les noms, prénoms, âges, titres, etc.. etc., de Princes et Princesses des diverses Branches. — Il est indispen sable pour tous les amis de cette auguste Maison, qui représente si bien *l'avenir de l'Europe.*

L'Ange de l'Exil : Mᵐᵉ la Comtesse de Cham bord, nouvelle édition. In-32 jésus de 64 pages. Prix 30 c., *franco*, 40 c. ; 25 exemplaires 5 fr. 10 c. *franco*, 5 fr. 80 c.

Dans cet opuscule, tout est réuni pour peindre et faire aimer cette Princesse d'une bonté si rare et d'une si haute intelligence qui, depuis 27 ans, a partagé les tribulations du royal proscrit et qui, Dieu aidant, deviendra la compagne d'autres destinées.

Au-dessus de *CINQ* francs, envoyer un mandat. On ne répond point des détourne ments de la poste ; moyennant 25 centimes, en sus du port, chaque envoi peut être *recom mandé.*

Paris. — P. de Soye et Fils, imp., pl. du Panthéon, 5.